湯浅晴夫

七十歳暴走老人の二十八日間

四国八十八カ所遍路 旅日記

鳥影社

目次

七十歳暴走老人の二十八日間
四国八十八ヵ所遍路 旅日記

はじめに

昭和四十一年に大学を卒業し、銀行に就職した。

ちょうど三十年間、可もなく不可もない銀行員生活を過ごした。その後、仕事に追いまくられる銀行員生活に別れを告げ、第二の職場——一度はモノづくりの企業を経験したいと志願したファインケミカルのメーカー——に出向転籍した。それまでとは異なる仕事や環境に戸惑いながらも、時間的には余裕ができた。

その余裕を利用して、ウォーキングを本格化した。旧街道を徒歩で踏破する計画を立て、「江戸五街道」を六年かけて歩き抜くまでになった。その総延長は一五〇〇キロを超える。

せっかく身についた街道歩きをライフワークにしようと思った。だが、根が飽きっぽく長続きしない性格である。しっかり目標を立て、自己管理しなければ、なしくずしになる心配があった。

そこで、全長二三〇〇キロとも四〇〇キロともいわれる「奥の細道」を踏破することにした。平成十九年の夏である。このときには第三の職場に変わっており、収入が大幅に減少したのと引き換えに、時間的余裕はさらに増していた。年に三〇〇キロは歩けると踏み、八年間での完歩を目標として、成し遂げた。

よく歩いたものだと思う。

歩くことのどこに魅せられたのかと訊かれても、答えは茫漠としている。たしかに車や電車の旅では見えないものを見ることはできる。新たな感覚や知識がこころを豊かにしてくれる。私の歩幅は八〇センチ前後。百歩で八〇メートル、千歩で〇・八キロ。この足で「奥の細道」二三〇〇キロを歩いたのである。一歩歩けば一歩ぶんだけ進む。この繰り返しは打っては引く波のように自然で、体と精神にリズミカルに響いてくる。自然の動きに飽きは来ない。

その間、満七十歳を目前に、仕事から身を引いた。

朝、目を覚ましても何もすることがない。これには参った。サラリーマン生活四十数年で滲みついた規則正しい生活からの解放が、こんなにも苦痛を伴うものだとは思ってもいなかった。ソファの上に無為な時間を横たえ、テレビを見ながら、これはこれでいいのではないか――とぼんやり考えている自分を見て、ゾッとした。

おりから「奥の細道」の計画づくりが億劫になり、中だるみになっていたせいもあるだろう。「ただ、ひたすら歩く」。それしか、この恐怖から自分を掬いあげる方法はないように思えた。

私は香川の高松市で生まれている。

四国に生まれたからには一度は「四国八十八ヵ所巡拝」をしようと漫然と考えていた。この際である。それを一気に歩き抜く「通し打ち」してみよう、と思い立った。自分のウォーキング能力はどれほどのものか、見極めたくもあった。

四国遍路のコースは——測りかたにより一四〇〇キロともいわれるが——基本コースとしては一一〇〇キロ程度とされている。これを歩いて回るなら「標準的な日数」で四十日から五十日くらい必要とある。このコースをシーズンには何千人という善男善女が、バスであるいは車で、さらには歩いて巡拝している。案内本も充実し、宿泊場所も明示され、計画そのものはかんたんに立案できる。

四十日で一一〇〇キロとは、毎日平均約三〇キロの歩きである。マッタイラな道ならいざ知らず、そこかしこに山坂が待ち伏せている。雨天、荒天にも襲われるだろう。体力勝負、と私は見定めた。

サンデー毎日の生活で開始していた「毎日ウォーキング」を強化。スポーツジムに入会し、体力強化にも取り組んだ。おりから、高松の小・中学校の同期会の通知が届いていた。それに合わせて、実行を平成二十四年の四月と設定した。

本文を読んでいただくと、うるさいくらいに出てくるものがある。

歩いた区間の所要時間、所要歩数、歩行速度、歩幅である。これは自分のウォーキングのメルクマールとして、私がふだんから活用しているもの。毎日のウォーキングでも、四泊五日程度の「街道歩き」でも、これらの数字はつねに記録している。目障りだろうが、お許しいただきたい。

参考にした案内本には、「スピードは修行に入っていない」と逸る心を戒める記載がされている。無茶をして、肝心の修行が挫折することを懸念しているに違いない。

その「戒め」に、あえて挑戦しようというのが、私の計画である。

発心の道場へ

四月一日（日）晴れ

昨日、今日と道後温泉での小中学校の同期会に参加。昭和二十四年入学だから、みんなとは六十年以上の付き合いになる。楽しい一泊二日を過ごし、観光バスで高松へ戻る。

午後五時半過ぎ、高松駅着。いよいよ宿願の「遍路の旅」への始まりである。

明早朝から歩きはじめる計画なので、今夜は「一番札所霊山寺」の近くに宿泊する。

そのために高松駅十八時十二分発、ＪＲ高徳線特急「うずしお23号」に乗車することにしている。駅のコインロッカーから同期会に出発する前に放り込んでおいた遍路用のザック・旅行鞄を取出し、あわただしく切符を購入する。

道後温泉

列車は空いている。穏やかな春の夕暮れ、讃岐路を一路、東へ。

午後七時過ぎ板野下車。

タクシーで「民宿阿波」へ。到着が遅くなるので食事なしの予約だったが、高松駅で売切れ寸前に買った駅弁をタクシーに置き忘れる。あわや夕食なしの危機を、民宿の女将さんの好意で、なんとか食事にありつく。

遍路期間中の断酒を決意している。

最後の夜に「しばしお別れ」と缶ビール二本用意し、自室で飲む。

どういうわけかまったく気がのらず一本で終り。やはり緊張しているらしい。昨夜は旧友たちと夜遅くまで語り合い眠いはずなのに、布団に入っても寝付けない。仕方がないので布団から起きだして、明朝に予定していた遍路旅へのモードチェンジを敢行。自宅へ返送する衣類その他を旅行鞄に詰め、遍路旅用の衣類、身の周り品をザックにパッキングする。寝付いたのは十二時を回っていただろう。

四月二日（月）晴れ

七時起床。

パッキングしておいた荷物をまとめ、朝食をとり、勇躍出発（八時）。スタートを祝すようにさわやかな空。絶好のウォーキング日和だ。

他の人たちは五時には起床し、すでに出立している。どうやらこれが遍路のふつうの行動らしい。

私がのんびりしていた理由は、今日の歩行距離がたかだか三七キロ強であり、午後四時過ぎには次の民宿に到着できる、と踏んだからである。しかし、この出立の遅れがのちのち大問題となってくる。たんに街道筋を辿るのと、札所ごとに参拝する遍路の歩きとは根本的に異なるということを――私はまだ知らない。

門前の商店で遍路杖、頭陀袋、白衣、経本など遍路用品

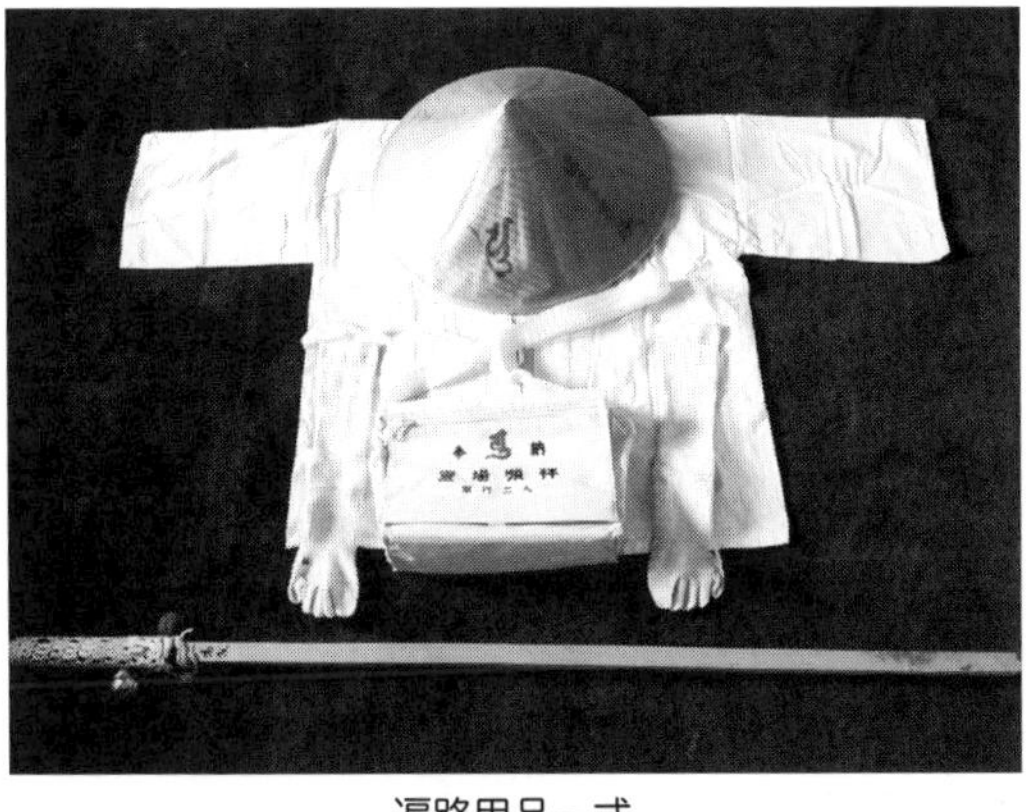

遍路用品一式

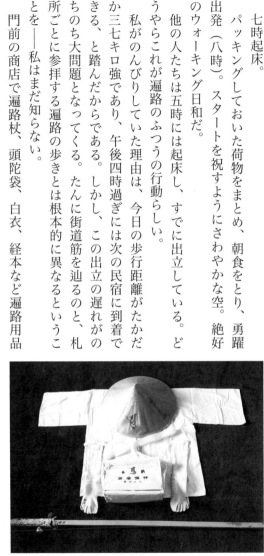

霊山寺山門

一式を購入。八千八百円也。

因みに私の服装は、速乾性の長袖Tシャツと、アンダーシャツとして同じく速乾性の半袖Tシャツ、その上に白衣をはおり、ボトムはメッシュの裏張りのあるカーゴパンツ、遍路用の白ズボンははかない。極めてシンプルな出で立ちだ。

同時に昨夜パッキングしておいたバス旅行用の衣類などの不用品を宅配便で自宅へ返送。

一番　霊山寺《りょうぜんじ》

参拝、本堂・大師堂で納経（読経）、納札《おさめふだ》を納める。

納札とは日付・簡略化した住所・氏名を記載した縦一五センチ幅五センチほどの長方形の紙片。遍路にとって一種の名刺。私が納経しましたと納札入れに投入する。その他、遍路同士が名乗りあう場合、あたかも名刺交換のようにも使用する。お接待を受けた場合も感謝を示す趣旨で手渡すとされる。事前に購入して必要事項を記入して頭陀袋に経本などといっしょに携行し、すぐに出せるようにしておく。

納経帳への朱印を受ける手続は、時間と費用を節約するため、悩んだ末に割愛。般若心経については、出発まえに読経の練習をしていたのだが、なかなか声が出ない、つかえる、口ごもる、前途多難だ。

記念に撮ったわが遍路姿

本堂、大師堂、山門を撮影。付近のお遍路さんに依頼して、わが遍路姿を記念に撮ってもらう。この巡礼で、カメラに自分《おのれ》を写したのはこれともう一枚だけ。証拠写真は不要の信念を貫く。お大師様はすべてお見通しのはずなのだから。きちんと巡拝したかどうかは、自分が知っていればいい。

最初の参拝を済ませ、手続を完了。後はウォーキングのみと二番へ向かう。手続に手間取り、もう九時近くなっている。

今日の予定は、十一番まで三七・二キロ、七時間強の行程。

二番　極楽寺《ごくらくじ》　八時五十八分（到着時間、以下同じ）　一・四キロ（札所間の距離、一番と二番の間の距離）

三番　金泉寺《こんせんじ》　九時三十五分　二・六キロ

ＪＲ高徳線沿いに西へ向け平坦な道を進む。桜がちらほら咲き始め、のどかな道。街中を歩く。順調。

大日寺へは、初めての登り。高速道路をくぐり、北へ山道を登る。遍路シールは的確に表示されており、歩きやすい。ただ、これまでの三ヵ寺の経験から参拝の手順――山門での拝礼、手水、本堂、大師堂での読経、納札の投入、写真撮影等――に十五分程度必要なことがわかる。そのせいで時間が押し気味になっている。私の通常の歩行スピードなら、十五分あれば一キロ以上進める。つまり十ヵ寺参拝すると、参拝だけで一〇キロ以上の距離に相当する時間が余計にかかる。

四番　大日寺《だいにちじ》　十時四十七分　五・〇キロ

大日寺は参拝後、同じ道を南へ数百メートル戻る（打ち戻す）。

一番札所霊山寺で出会い、言葉を交わした女性のお遍路さんTさんとすれ違う。しばし立ちばなし。

今日は安楽寺で泊まり、藤井寺までの区切り打ちとのこと。「私は通し打ちだ」と話したら、高知県安芸市在住で遍路道の近くに住んでいる、「あなたが、そこを通る頃は帰っているのでぜひ声をかけて欲しい」とお接待の申出を受ける。納札を交換して分かれたが、私が予定より遅れたため、再会はならなかった。

第一日は札所間の距離も短く、アップダウンも少ないので遍路への入り口としては適当な配置である。今回の遍路ウォーキングを開始するに当たって数ある遍路本の中から選んだ『歩く四国遍路1200キロ』の著者西川阿羅漢氏も記述しているとおり、十一番から十二番への難路を前に、せっかく志した遍路修行を端《はな》から挫折させないための配慮と納得。言葉を変えれば、修行の道へ誘い込むための罠と言えないこともない。

畑の中の遍路道で、車も少なく極めて歩きやすい。

適度に民家もあり不安は感じない。ただ地図によると、ここから一〇キロ先の九番の近所までは食堂もコンビニもないことになっている。少しコースを外れて調達するしかないと考えながら歩いていたら、五番の山門の手前に地図にはない「うどん屋」を発見。「冷やしうどん」五〇〇円は安い。他のお遍路さんが飲むビールを横目に汁を吸り切って、すぐに出発。(昼食時間約二十分)

五番　地蔵寺《じぞうじ》　十一時三十八分　二・〇キロ

六番　安楽寺《あんらくじ》　十二時四十分　五・三キロ

のどかな遍路日和。順調に進む。今日の残りは二一キロ、参拝に十五分ほどかかるとしても五時到着は十分可能と自信を持つ。Tさんは、ここまでと言っていたなと思い出す。そういえば、結構ゆったり過ごしているお遍路さんも多い。後で知ったことだが、このお寺の宿坊には温泉もあってゆっくりできるらしい。足慣らしの意味もあり、第一日目はここまで、ないし次の七番とするのがふつうだとか。

七番　十楽寺《じゅうらくじ》　十三時一分　一・二キロ

札所がお遍路さんであふれている。

観光バス、マイクロバスで次々とやってくる。

先達がつき、添乗員があわただしく鞄を抱えて納経所に走る。かなり後になって気づいたことだが、これは参加者が納経をしている間に、納経帳にご朱印をいただくためだ。この待ち時間を惜しみ、私は納経帳を省略したのだが、歩き遍路は申し出れば待たなくてもいいらしい。

本堂、大師堂で、読経するのは同じだが、さすが先達がついているので、私のように読経の数を省略する不届き者はいない。観察の結果、札所の間隔が近い場合、歩き遍路の私と所要時間がほぼ同じであることがわかった。トイレタイム、納経所の待ち時間、バス道が大回り等の理由で、時速五〜六キロで歩く私と時間的には変わらないのだ。

こうしたバス遍路、自家用車遍路の大勢に隠れて、いかにもベテランという出で立ちのお遍路さんが散見される。

遍路杖はわれわれ素人のものとは違い、立派なものが多いし、みなりなども華美ではないが、ゆるみがないというか、隙がない。プロ野球の選手と草野球の選手のユニフォーム姿の差。内からにじみ出るものが違う。納札もわれわれは白だが、これらの人の多くは、赤とか場合によっては金色である。遍路完遂の回数によって色が異なるらしい。何人かに声をかけさせていただいたが、かなりの比率で僧侶が多い。必ずしも真言宗ではない。これはとてもいいことだと思う。歩くスピードは私とあまり変わらないが、歩き方そのものは軽やかで力が入っていない感じがする。

八番　熊谷寺《くまだにじ》　十四時十八分　四・二キロ

距離はさほどでもないが、仁王門を入ってからの登りがきつい。

初めて息が切れた。

スタートは二時半を過ぎる。残り十五キロ強。参拝時間を考慮すれば、かなり時間が押してきたのがわかる。

九番　法輪寺《ほうりんじ》　十四時五十三分　二・四キロ

幹線道路でない畑中の遍路道を進む。

気分はいいのだが、時間が迫っている。ともかくスピードを上げて歩くしかない。

次は、今日一番の難関、十番切幡寺。距離は四キロ弱だが、標高が一五〇メートル。高低差一〇〇メートル以上を登らなくてはならない。

徳島自動車道をくぐり、道は徐々に登りになる。やはり結構きつい。

十番　切幡寺《きりはたじ》　十五時四十八分　三・八キロ

ようやく山門に辿り着いたら、そこから急坂と階段が約四〇〇メートル続く。

これにはまいった。はっきりしないが、地図上の距離表示は山門辺りが基準点になっていると思われる。この後も、到着してから本堂までに結構距離があり、予定が狂ったケースが多い。

日暮れが迫ってくる。大急ぎで参拝を終え、出発。

次は本日最後の札所十一番。距離は一〇キロ弱ある。どうがんばっても五時到着は不可能だ。

ここで、私は大きな失敗を二つ犯してしまう。

一つは今日の行程の中ほどで、デジタルカメラの電池ぎれを起こし、撮影が不能になったこと。

昨夜確認したはずなのに、不慣れな機種だったためフル充電と誤認してしまったようだ。この失敗は自分が困っただけで、ショックではあったが、それだけのことに過ぎない。

問題は、もう一つのほう。

十番を打ち終えた時点で五時に着けないことがはっきりしているのに、それを予約した旅館に連絡しなかった。原因は私の独りよがりである。じつは私は、この遍路旅とは別に、何年もかけて「奥の細道」を辿るウォーキングに挑戦している。その際の宿は通常ビジネスホテルであり、到着が多少遅れてもなんら問題はない。だから気にもしていなかったのである。

十番まではほぼ西へ歩いていたが、ここからは一路南下することになる。

県道二三七号線を南へ歩く。

吉野川の堤防を登り川原へ降りて、コンクリート打ちっ放しの潜水橋（大雨の時には増水した川の中に水没することを前提にした簡素な橋）の川島橋を渡る。ここから向きを東へ変えてJR徳島線の線路を渡り、十一番を目指す。

五時を過ぎ日暮れの気配が迫ってくる中、全速力で歩く。アップダウンが小刻みにあり、かなり疲労感が出てくる。たしかに今回のザックはいつもより重いし、肩から斜めに下げている頭陀袋も二キロくらいはありそうだ、それにしても足が重いのはどうしてか、自問しながら、ともかくも民宿までは辿り着かなければならない。

十一番　藤井寺《ふじいでら》　十七時四十五分　九・三キロ

日没直前に藤井寺に到着。

苦しみながらも初日の目標をクリア、めでたし、めでたし。

が、参拝を終え、地図を頼りに民宿を探したがわからない。困っているところへ、折よく民宿の女将さんからの電話。ケータイに出るや否や、

「今、どこにいるの?」と、すごい剣幕で質問される。

一瞬、何事かと思ったが、

「藤井寺の参拝を終えたところ」と、現状を伝え、併せて民宿への道順を尋ねる。

「ああ、先に参拝したんだ」

道順を教えてくれるはずの声はあっけにとられ、呆れている。

「……?」

今夜の宿「旅館吉野」に到着したのは六時ちょうどくらい。

地図上では三七・二キロを約九時間で踏破、十一ヵ寺での、参拝時間を二時間とすれば、昼食時間を含めて時速五キロ強で歩いたことになる。まずまずの結果だ、と私はまだ自分のマナー違反に気が付いていない。

出迎えてくれた女将さんから「みんな待ってるから風呂を後にしてすぐ食事にして」と、切り口上に言われて、事態を呑み込んだ。

民宿は食事を用意して待っている。食堂に集まり、同宿の遍路が一つテーブルを囲みながら会話をするのが、遍路の一種の儀式であり、楽しみであり、重要な情報交換の場なのだ。また、民宿のほうも一度に食べてくれて終わるのが、合理的なのだ。家族経営的な少人数で切り盛りしているので、これは重要なことであろう。不定期なお遍路さんを相手に経営が成り立ち、ひいては八十八ヵ所巡拝コースのチェーンを維持できるのも、このシステムあってこそなのだ。

今日から打ち始めたのでと、私は遅延と自分《おのれ》の無知を丁重に詫びる。

みなさんは快く受け入れてくれた。

「今日から打ち始めとは何番から？」

「もちろん霊山寺からですよ」

初めてだといっているのに、なんでそんな質問が出るのか？

「一番からじゃ遅くなるのは当然だ。初めての人は六番ないし七番で泊まるのがふつうです。そして、ここで泊まって、難関の十二番にチャレンジするもんです。初めてでここまで来るとはいい度胸だ……」

褒められたのか、腐されたのか、なんだかよくわからない。

食事の後、女将さんから「明日は荒れる。暴風雨注意報が出ている。早発ちするよう朝食も六時には準備しておく。焼山寺方面にはかなり先まで食堂もコンビニもないから、必要な人にはおにぎりを作ります」と通達がある。気にしていたことなので、早速お願いする。

私は、いい度胸だと言った人に、かなりきついと自覚しているが、計画を見て欲しいと頼んだ。私の過去の実績やトレーニングの方法などを話し、「じつは三十日以下で、廻ろうと思っている。取敢えず計画は距離だけを基準に作成した」と話して見せたら、「なんだ、こりゃ、無茶苦茶だ」と一蹴された。

「明日と明後日だけは宿泊の予約を入れてありますが、その先は自信がないのでしていません。当日のどの時点までに予約をすれば良いのでしょうか？」

「それは賢明だ。予約は当日昼ぐらいでも大抵ＯＫですからね。で、明日はどこまで？　えっ井戸寺。そんな馬鹿な、大日寺でも大変です。それに明日は荒れると言っているし、普通はなべいわ荘か、せいぜい植村旅館までです」

「なべいわ荘」は次の十二番から四キロほどの山中にある宿。「植村旅館」は十二番と十三番の中間にある宿。なのに私は十七番まで行くつもりでいる。

「計画そのものが無茶、スピード違反ですよ。これは一〇〇パーセント無理な計画です。途中で故障して、通し打ちどころか徳島県内で挫折する可能性もある」

「暴走族ではあるまいし、全体を見直したほうがいい」

たて続けに腐され、平地の舗装道路を歩くのと、石ころや木の根が多い山道をアップダウンする遍路道とはまったく違う道だ、と諭される。

ショックを受けて部屋に帰る。

計画を見直す。一日当たり四〇キロ〜五〇キロ、ときに五〇キロ以上も含んでいる計画なので、かんたんには直せない。あっさり諦めた。

そもそも八十八ヵ所巡拝を志した動機は、自分のウォーキング能力を試そう、あまり他の人がやっていないことをしようというもの。

この八十八ヵ所の遍路道は、多くの札所が並んでいて効率よく参拝できる箇所（例えば一番霊山寺〜十番切幡寺、二七・九キロに十ヵ寺など）と、いっぽう札所間が極めて長く効率の悪い箇所（例えば高知県の三十七番岩本寺〜三十八番金剛福寺の八〇・七キロ、その前後の三十六番青龍寺〜岩本寺、金剛福寺〜三十九番延光寺はいずれも五〇キロ超）とがある。こうした一日では歩けない長距離区間がいくつもあるので、「一日最低一ヵ寺」参拝をする歩き遍路はまずいないだろうと考えた。そこで、敢えてそれぞれの中間地点で宿泊することで、なんとかクリアしようと目論んだのだ。

この計画を立案するだけでいったい何日かけたろうか、民宿の布団の上でちょこちょこっと直せる代物ではない。だが計画が机上の空論であるらしいことは明白だ。

——でどうするか。

出した結論は「毎日、行けるところまで行って、その時点でそのつど計画を変更して、最終的に何日で踏破できるかで良いではないか」である。宿泊予約済みの明日、明後日は何としてもそこまで行き着き、以後は午前中の様子を見て昼過ぎに予約を入れながら続けることにした。

（遍路宿は非常にたくさんあるので、昼過ぎに予約を入れても、よほどでない限り受け入れてもらえる）

遍路初日の夜は、こうして寝るのが遅くなった。しかも、興奮しているのか、なかなか寝付けない。六時の朝食に間に合わせるためには、遅くとも五時半には起きなければならない。寝付いたのは十二時を廻っていただろう。

第一日

所要時間　九時間五十二分
歩行距離　三七・二キロ
歩数合計　五万二九九七歩
平均時速　四・一キロ
平均歩幅　七〇センチ

四月三日（火）曇りのち暴風雨のち晴れ

この日は後に「爆弾低気圧」と命名され全国で数人の犠牲者を出した大暴風雨の日。暮には流行語大賞の第十位にノミネートされたほど大変な日である。（その後なぜか「南岸低気圧」と改称されている）

五時半。

携帯のタイマー「起きてください、起きてください」のコールに飛び起きる。

今日は、難関の一つ焼山寺を越えて鮎喰川《あぐいがわ》の谷間を下り、井戸寺までの六ヵ寺四一・四キロ、さらに予約している徳島市内の「ビジネスホテル栄月」までの五・五キロ、山坂越えて四七キロのコースである。この距離をこなしたことは何度かある。だがそれは舗装道路での経験。遍路歩きの第二日目、天候も悪いし、昨夜の忠告どおりなら最初のピンチになりそうだ。計画全体の成否がかかっている。

「早発ちが肝要」とわかっていても、不慣れで、身支度に手間取り朝食を食べ始めたのが六時十分。同宿のお遍路さんたちの大半は食事を済ませ、六時二十分には雨支度をして出発して行く。みな、藤井寺への参拝は済ませているのだろう。私にはその必要はないのだが、納経帳に朱印を頂くには時間が早すぎる。なんでも七時から十七時というところが多いとのこと。

六時三十分　ようやく支度を整えて出発。

女将さんは、荒れるけど警報ではない、注意報だ、この程度なら越えられるからがんばれと、みんなに発破をかけている。ただし間もなく降り始めるから雨具は着ていったほうが良いだろうと。

「一ヵ月も歩けば、必ず何回も降られる、降られても歩く」と決めていたので、雨具には多少高価でも防水が完全で軽いものをと、ゴアテックスのポンチョと雨天用のオーバーズボンを奢っている。靴は軽さを重視してズックのスニーカー。これは濡れると乾かすのに時間がかかるので「雨天用のスポーツサンダル」を別に購入してある。にしても、降っていないのに雨具を着用すると暑いし、歩きにくいので、行けるところまでは着ないことにする。靴は、濡れたシューズをザックに格納する手間がかかるので最初からサンダルと決めた。

藤井寺　六時四十分。

昨日は電池ぎれで撮影できなかったので、本堂を撮影。

寺の裏手からいきなり急坂が待っている。

長戸庵（標高四四〇メートル、距離三・三キロ）柳水庵（標高五〇〇メートル、距離三・四キロ）浄蓮庵（標高七四五メートル、距離二・二キロ）と尾根づたいの峰々に設えられた番外霊場に参拝しながら約九キロの強行軍。長戸庵までの標高差四〇〇メートル、三・三キロを約一時間で突破。柳水庵へは登りが少なく五十分弱で到着。かつては宿泊ができたということも、今では無人。西川氏はここで泊まったとある。

この頃から風が強くなり、時おり雨もぱらついてくる。遍路笠は大きくてビニールで防水されているから、少々の雨なら傘の必要もない。ただ、あわただしく出立したので、遍路笠のあご紐をキチンとした紐に付け替えていない。それが風にあおられてグラグラしてまことに被りにくい。それと、この登りで初めて知った金剛杖のありがたさ。急な登りで金剛杖がこれほど役に立つとは想像もしていなかった。道には落ち葉が重なり合っている。しかも濡れているから、ひどく歩きにくい。杖に縋り、一歩ずつ体を引き上げるようにしながら前進する。杖なしでは歩けそうにもない。下りはもっと歩きにくく、杖の必要性はもっと高い。

遍路傘

昨日は平地を歩いていたので杖を突くこともあまりなく、むしろ突いていて先が路側溝の蓋の隙間にすっぽりはまり込み引っかかることがあって、邪魔だとさえ思っていた。マナー違反と知りつつ、ときには水平に持って歩くことすらあった。なぜか金剛杖と蓋の隙間はぴったり一致している。(徳島・高知両県の路側溝がとくにそうだったような気がする。他のお遍路さんからも同様の話を何度か聞いた。ほんの少し

杖の先を太くするだけで防げるのにと思った）

次の浄蓮庵へは最初の二キロぐらい緩やかな登り、後の一キロは急な登り坂。喘ぎ喘ぎではあるが、順調に登っている実感。

ひと休み。

ここで焼山寺方面からザックを背負って急ぎ足で登ってくる若者に出会う。浄蓮庵に忘れ物をして、かなり先から戻ってきた由。しばらく休んでから行くというので、「一足お先に」と挨拶して出発。

ここから焼山寺へは、一・六キロの急な下り。せっかく稼いだ高度を約三五〇メートル吐き出し、今度は二・二キロで三〇〇メートルの急坂を登ることになる。道は杉林の中をぬっているので薄暗い。この辺から雨はさほどでもないが、風が強くなる。杉の枯れ枝がバサバサ落ちてくる。

この下りで、思わぬ事態が発生する。

足を小枝に絡まれてバッタリ転倒したのだ。

転倒そのものはたいしたことではない。予想されたことだが、右手の甲が杖と岩との間に挟まれて、人差指と薬指をかなり深く傷つけてしまう。

私は不整脈の発作持ちである。医師から梗塞を防止するために「ワーファリン錠剤」を処方されている。この薬はいわゆる血液サラサラ剤で、血液を凝固しにくくする作用を持っている。

以前、旅行に出てビジネスホテルに泊まり、安全カミソリで髭をそったとき、うっかり皮膚の小さな突起を引っ掛けて切ってしまったことがある。簡単な止血をして、絆創膏でカバーして寝たが、翌朝目を覚ましたら、シーツの首周りが血だらけになっていた。血液検査のための採血でも、注射針がすんなり入らないと、あとで内出血を起こし青あざになる。だから細心の注意で日常生活をしている。それがまあ、よりによってこの山中で――。そんなありさまで、どうしてお遍路?との批判があるのは当然だが、それはさておく。

雨の中でザックを開け、カット絆と消毒薬を取出し、大急ぎで消毒と止血をする。ズキズキ痛むが血は止まりそう。もたもたしている暇はない。すぐに歩き出す。

すごい勢いで浄蓮庵で出会った若者が追いついてくる。しばし同行したが、付いて行けないので先に行ってもらう。風が鳴る。雨がどんどん強くなってくる。

十二番　焼山寺《しょうさんじ》　十時四十五分　一二・九キロ

ここまで約四時間。

二万二七一五歩　平均時速三キロ強　歩幅五七センチで歩いていることになる。標高差、天候を考えれば、よく頑張った。が、残り三五キロを考えると、下りとはいえ、時速六キロで進まなければならない。午後五時到着はまったく不可能だ。今日の泊まりはビジネスホテル。もともと食事はない。徳島市内なので食堂やコンビニはあるだろう。六時到着を目指すことにする。

参拝時、団体遍路の先達と思われる人から、

「歩きですか」と、声をかけられる。

「はい」

「藤井寺を何時に出ました？」

「七時少しまえです」

先達は団体バス遍路の人たちに向かって、

「この方は、朝七時まえに藤井寺を出て、歩いてもうここまで到着されたそうです」

と大声を上げ、あたかもスターを紹介するように私を紹介した。きまりが悪いやら、誇らしいやら、じつに妙な気分だ。

境内で、先ほどの若者とまた会った。今度は下りだから、ついて行けるだろうといっしょに出発する。彼は野宿で廻るのでザックが大きい。一五キロはあるという。それで、あのスピードは驚異的。ただ、通し打ちではないらしい。

しばらく下ったところで、猛烈な雨が降りはじめる。

風もますます強くなる。

作業小屋を見つけ、軒下でポンチョを着ることにする。

ポンチョはザックをすっぽりカバーするので、ザックの中身が湿るのも防げる。しかし下が大きく開いているので風の中で被るのは非常に難しいのだ。お互いに協力して着用を終る。フ

ードを被り、その上から遍路笠を被る。雨天ズボンも着けると、さすがに完全防水で手先と足先だけが出ている感じ。脇はカバーされながらも、隙間があるので蒸れることもない。着心地には大いに満足する。

雨天用サンダルは足の露出部分が多く、枯れ枝や落ち葉が挟まり、山道ではまったく役に立たない。購入するときに使用目的をはっきり伝えたのに、M社の販売担当は、こうした問題点を指摘してくれなかった。今後ここで購入することを止めようと思う。

大粒の雨が風に乗って横に降ってくる、しぶきが下から吹き上げてくる。

台風でもここまで酷いのは珍しい。良く使われる慣用句、横殴りの雨というのは斜めに降っている感じだが、そんな生易しいものではない。あまりのすごさに思わず立止まるほどだ。遍路笠は煽られて、ギシギシと鳴る。手で押さえていなければ飛ばされる。被ったまま手で押さえて歩くのは難しい。脱いで体に押さえつけて歩く。下りでも若者のスピードには付いて行けず、先行してもらう。

かなり下った辺りから道は細いながらも舗装され、足元はそれほど悪くなくなる。

ともかくどんどん歩く。考えてみると、下りになってからは彼以外に誰とも会っていない。同じ方向に歩いている人に追いつく、あるいは抜かれるということは、よほどスピードに差がないと実現しない。ただし休憩を入れると話は別で、早い話が十分休むと八〇〇メートルほどの差になる。反対方向から登ってくる人もいない。

山中だが、所々に人家は見える。階段状の畑や果樹園も続いている。軽トラックなら通れるくらいの道を、延々と下って行く。すさまじい暴風雨のため腰掛けることもできず、民宿で作ってもらった弁当を食べることができない。かなり下ったところで、ようやく路傍に遍路小屋を見つけて逃げ込んだ。

午後一時四十分。約七キロを二時間半以上かけて下ったことになる。この中には、参拝時間が二十分、雨具の着用の十分が含まれてはいる。それにしても正味二時間だ。小屋は風が吹き抜けるが雨はしのげるだけ助かる。なによりおにぎり二個とたくあんの弁当を食べて、ほっとした。

しばらく休むうちに、空が明るくなり、雨脚がおさまってくる。

食事時間を含めて十五分ほど休み、小降りになった雨を衝いて出発。残り二六キロ。どうみても予定どおりには歩けそうにない。地図を見ると、約一四キロ先の大日寺まで行き着けば人里へ降り立つので何とか危機は免れそう。まずは大日寺を目指せ。

「お遍路さん！」

雨の中、お年寄りが家から飛び出してきて、呼び止められる。

「お接待をするからちょっと待ってて」

家に取って返し、キャンディを六個、手渡してくれた。なにしろ初めてのことである。どう応対して良いのか、大いに戸惑う。

解説編に「お接待は断ってはならない。お接待をしてくれる方は、あなたに施しをしているのではなく接待をしてくれる方々が自分の後生を願って、あなたといっしょに歩いている『お大師さま』(同行二人)に供えている。それを勝手に断るのは僭越に当たる」とあったのを思い出す。「丁寧にお礼をして、納札を差し上げるのが礼儀」ともあった。頭陀袋から納札を一枚取り出し、恭しくお渡しする。

やがて豪雨は嘘のように収まり、風だけが吹きつのる。

道はなおも下る。

基本的には鮎喰川の谷を下っていることになる。まもなく本流に到達。

道沿いに「植村旅館」を見かける。

昨夜、私のプランを見てくれた人はここ泊まりと言っていたことを思い出す。「旅館吉野」を出た順番は遅いほうだったが、周囲にお遍路さんは一人もいない。焼山寺では歩き遍路を見かけたが、やはり、ここまでということで、途中雨宿りをして、ゆっくりしているのだろう。

鮎喰川の本流に沿って下りつづける。

いつの間にか空は晴れ上がり、風は強いが、爽やかなウォーキング日和になっている。ずぶ濡れになったポンチョとズボンは、ザックに納めるのが面倒なので着用したまま。こうするとよく乾いて収納するのも楽になる。

アップダウンを感じないのどかな道、片側一車線の県道を行く。

郵便局や商店もあるふつうの街を、道を間違えないように遍路シールを確認しつつ、時間と競争で目一杯のスピードで歩く。

鮎喰川左岸を歩き、広野で右岸へ渡り、川を離れて「歩き遍路道」へ入るのが正しい遍路道のようだが、用を足す必要が出てきた。

小さい方だが、街中では（男でも）簡単ではない。ガソリンスタンドもコンビニも、そうあるものではない。地図を見ると、左岸直進一キロにトイレマークがある。そのうえ、「歩き遍路道」は四キロ以上長くなる。これ幸いと左岸を行者野橋まで直進し、右岸に渡り、川沿いの県道二一号線を歩き、大日寺を目指す。長く歩く徒歩旅行では、とくに街中でのトイレの問題は大きい。都市部ではガソリンスタンドもあるしコンビニもある。しかし地方の街では、ほとんど期待できない。よほど注意しておかなければ窮地に陥ることになる。

十三番　大日寺《だいにちじ》　十七時二十七分　二〇・八キロ

やれやれ、ともかくここまで来た、とひと安心。

参拝を済ませる。今日の予定の井戸寺まで行くのは無理だが、宿泊場所を目指し、できるだけ前へ進むことにして、十四番を目指す。距離は二・三キロ。午後六時には到着できるだろう。

宿泊予定のビジネスホテルへ電話を入れて、到着が午後七時過ぎになる旨を連絡。

了解を得て、出発。

鮎喰川の左岸へ渡り返すために、一宮橋にかかったところ、谷間で風が吹き抜けるのか、猛烈な突風に出会う。車道を挟んで両側に歩道がある一〇〇メートル前後のそれなりの橋だが、欄干が壁ではなく手摺になっているので、風が吹き抜けて歩きにくい。杖を突いて踏ん張っても、風に向かっては一歩も進めない。手摺に摑って風が弱くなるのを待って前進し、また立ち止まるを繰り返してようやく渡り終える。

もう六時を廻っている。

春の日は暮れかかり、空は明るいものの、夕闇が近づいている。

十四番　常楽寺《じょうらくじ》　十八時二十分　二・三キロ

無人の境内で作法通り参拝を済ませる。次の十五番へは、〇・八キロ。大急ぎで歩く。遍路シールに導かれて細い遍路道へ入ったところで道を失い、どう行けばいいのかわからなくなる。運良く犬を散歩させている人に助けられる。

十五番　国分寺《こくぶんじ》　十八時四十分　〇・八キロ

暗い。ほとんど人の顔も見分けがつかない。参拝は断念。

ビジネスホテルへこれから向かう旨連絡。タクシーを、と思ったが、まったく手立てがない。かなり慌てる。向こうにたった一軒、電気のついた家がある。その万屋《よろず》的な商店へ飛び込み、事情を話してタクシーを呼んでいただく。

じつは、地図には途中で動けなくなった人のために、その地区のタクシー会社が表示されている。私が不慣れで気が付かなかっただけ。電話をすれば来てもらえる。当然ながら私のように歩いて廻っている遍路は、翌朝同じところまで送ってもらい、遍路を続行する。私が全行程を二十八日という短期間で廻ることができた背景には、これをフルに活用したことがある。乗り物に乗る抵抗感と、そのために余分な費用が掛ったことは否めないが。

ビジネスホテル到着は午後七時過ぎ。

コンビニの場所を尋ね、夕食と夜食と翌朝の朝食を購入。戻るとご主人が友人と話していたので世間ばなしに加わる。奥さんが病気になったので遍路宿を廃業、この形式にしたとのこと。ご主人はかなり高齢である。代金を先払いすると、「明朝はいないからキーはこの台の上において勝手に出発してください」と言う。

話題は自然と今日の暴風雨になる。

「あの嵐の中、どこから来たの?」

遍路旅の会話中で、どこから来たとは、何番の札所、あるいはどこの遍路宿から歩きましたかという意味だ。

「十一番から」と答えると二人は目を丸くした。

「それはすごい。あの風雨の中をよく歩いてきた」と褒められる。

「今日は井戸寺までのつもりが、国分寺までしか来られなかった。明朝早くタクシーで、国分寺まで戻って歩き直すつもり」と話したら、ご友人が「俺が送ってやるよ、何時に来ればいいの？」

いや六時半には歩きはじめたいからと辞退すると、

「わかった、六時に迎えに来るよ、これもお接待だよ。遠慮することはない」とおっしゃる。

自室に引き取ってから助六寿司とお茶で夕食を済ませ、就寝。さすがに疲れていたらしい。すぐに眠りに落ちた。

第二日

歩行距離　三六・八キロ
所要時間　十二時間
歩数合計　五万九四九四歩
平均時速　三・一キロ
平均歩幅　六三センチ

四月四日（水）晴れ

五時起床。身支度をして朝食。

六時まえに宿を出たら、もう昨夜のご友人が待っていてくれる。

タクシーに乗るときも同じだが、ザックに加え大きな笠と長い杖があるから非常に乗りにくい。障害のあるひとが車に乗るときの苦労がわるような気がする。上鮎喰橋を渡り国道一九二号線を通って国分寺へ、付近まではすぐに着いたが、国分寺への入り道がよくわからず右往左往。やや時間を取られて、六時半過ぎに到着。降りぎわに「これ」とバウムクーヘンを切り株のまいただく。まったくお礼の言葉もない。

十五番　国分寺　六時三十三分。昨日は参拝できなかったので、あらためて作法どおりの手順で参拝をする。

山門で遍路姿の人に出会う。六時半は参拝にはまだ早い時間だ。先方もそう思っただろう。言葉を交わす。自動車で車中泊をしながら廻っているとのこと。エールを送り合い別れる。一期一会。

この寺は町中にあるので入口もそうだったが、出口もよくわからない。次の十六番への順路がはっきりしない。遍路シールが見つからずウロウロしてしまう。いずれにせよ距離的にはわずかだ。一九二号線を来た方向へ戻ればわかるはずと、前方に見える寺院らしい木立を目標に北上、観音寺を目指す。

十六番　観音寺《かんおんじ》　七時十三分　一・八キロ

十七番　井戸寺《いどじ》　八時四分　二・八キロ

観音寺、井戸寺は町中の寺院。商店や住宅が立ち並んでいる道を、遍路シールを頼りに歩く。このシールは「へんろ道保存協力会」が整備してくれているのだが、間のいいときは幾つでも見えるのに、見失うとまったく見当たらず慌てる。へんろ道に表示されているのだから、道を間違えると、途端に表示が見当たらなくなるのは当然なのだ。五〇〇メートルいってもシールが見当たらないときには、あるところまで戻ること、とは遍路本の解説編の一節。どこかで曲がり角の表示を見落として道を間違えているのだ。

遍路シール

三日目に入り、参拝がだいぶ板についてきた。読経の声も出るようになったし、つかえる回数も減っている。だが、計画は狂いを見せている。予定では、ここまでが昨日の行程。

今日は十八番から二十二番までの四六・〇キロ。

途中五〇〇メートル級の山を二つ越え、最後に二〇〇メートルの峠を越えることになる。前日の宿泊場所までの四・六キロを加えて、合計五〇キロ超となる計算。しかも山越えがある。大げさにいえば、今日の成否が今回の企画全体を占うかもしれない。二日で八五キロほど歩いて来たが、いまのところ足、腰にまったく違和感はない。

今日の泊まりは、大学時代の友人廣瀬君宅。

私が遍路をすると連絡したら、「迎えに行くからぜひ我が家に泊まってくれ」と申し出てくれた。これもお接待。ありがたく泊めていただくことにしている。

井戸寺を済ませて、十八番へ。

県道一九二号線を東へ、徳島市内を目指す。

上鮎喰橋を渡り、右奥にある番外札所の地蔵院参拝も考えたが、往復五キロの道のりがあるので割愛。一九二号線に沿う遍路道を選択。眉山《びざん》の麓を歩く。この辺りは徳島市の中心街に近く、にぎわいを感ずる箇所。徳島市の中心部を西から東へ通過している。眉山を右手に見ながら麓を廻ったところで南へ向う。JR牟岐線を二軒屋駅の先で越えて、国道五五号線に入り一路南下。一級国道だけに道幅も広いが、車も多い。吉野川のデルタ地帯を歩いているので、川を渡る回数が多い。

勝浦川橋を越えて小松川市に入る。

恩山寺まで四キロ弱。時間は十二時に近い。ここまで一三キロを三時間強とは、平地では納得できないスピードだ。地蔵院の道へ入ったが、それが原因とは考えられず、今でも疑問を持っている。私は平地では時速六キロに近いスピードを出す自信がある。その折の歩幅は約八〇センチだ。それが六五センチと八割しかない。

十八番　恩山寺《おんざんじ》　十二時三十五分　一六・八キロ

よく晴れた空の下、ベンチで昼食をとる。今朝いただいたバウムクーヘンを半分食べる。あまり食欲がない。自分で考えていたような歩きができていないためなのか。恩山寺では参拝を含めて約二十分滞在。日程の三分の一しか消化していないのに、既に十三時近い。

急ぎ十九番へ向けて出発。

当初計画の二十二番までは三〇キロ余りある。どんなに気張っても陽のあるうちにはつけない。やむなく廣瀬君に電話。待合せ場所を平等寺から「水井橋《みずい》」――二十番と二十一番の間にある那賀川に架かる――に変更してもらう。時間も遅らせて午後六時に。

この変更で、計画比一八キロの未達が発生。初日に指摘された「無謀な計画」が早くも露呈し、破綻を来たしはじめている。それでも本人は「いずれ何日かのうちに徐々に回復するさ」と楽観は捨てていない。

ただ「最低毎日一ヵ寺」参拝の目論見はくずれる。明日薬王寺まではじゅうぶんに進めるが、その先二十三番―二十四番間七五・四キロが控えており、この間を一日でクリアできず、断念せざるを得ないことになる。

いずれにせよ、変更後の目的地までは自分で歩いて行かなければならない。距離にして約二〇キロ、ふだんの歩行スピードなら四時間あれば、たとえ一山越えるにしても到達できる。

途中の小さな丘陵越えの小道に、源平合戦にまつわる故事の碑が立っている。一の谷の戦いに敗れ讃岐の屋島へ敗走した平家を追って、義経が暴風雨の中を強行渡海し、阿波に上陸、屋島へ向かう途中に越えたという。歩いているとこうした表示に出くわすことがあり、徒歩旅行の楽しみのひとつ。

十九番　立江寺《たつえじ》　十三時五十六分　四・〇キロ

平地四キロにもかかわらず、ほぼ一時間要した。

歩幅は六〇センチ強と極端に短い。歩行中、歩幅は認識できないが、このあたりが今回の遍路を通じての疑問点で、遍路そのものに苦しんだ原因がありそうに思えてならない。ここに表示の時刻は原則として到着時間。食事など長時間立止まるときは出発時間も記録するが、参拝時間は次の所要時間に含めることにしている。しかし、到着時に記録を忘れることが間々あり、所要時間は不正確である。

立江寺は、のびやかな平野にある寺院。これまでの札所の寺院と異なり境内が明るく広い。参拝を済ませて早々に出発。

次の鶴林寺までは一三キロほど。約五〇〇メートルを登らなければならない。約束の「水井橋」まではさらに二・五キロある。一五キロ強を三時間半の計算、普段のスピードが出ればいいのだが。

県道沿いに西進。舗装道路なのでスピードは出る。途中から勝浦川を遡上する。

こんな遍路シールも

遠くにゆったり歩いているお遍路さんが見える。遍路笠を被っているので遠目でもすぐにそれとわかる。二十分くらいかけて追いつく。長身の外国人男性だった。

英文の地図付のガイドブックを片手にキョロキョロしながら歩いている。

イタリア人だとか。

このあとも多くの外国人遍路に会ったが、国籍は様々。中国・韓国の人は話さないとわからないが、欧米人だけでも英、独、仏、伊、豪、蘭と多彩だ。カナダの人にも会ったが、なぜか米国人には一度も会わなかった。歩き遍路もけっこう多い。欧州には

「サンティアゴ・デ・コンポステーラ巡礼」という伝統的な習慣がある。その影響か？——私の英語力ではそこまで複雑な質問はできない。

時間は午後四時。今日は「金子や」に宿泊するのだが、地図を見ても場所がわからないという。そういえば、どの遍路宿も看板にローマ字を添えていない。彼に限らず外国人は探すのにひと苦労するだろう。

と、前方鶴林寺の参道登山口に「金子や」の看板が見える。

あそこだ、指で指して教えてあげる。

「私はこれから、五〇〇メートルの山に登って二十番鶴林寺に参拝する。さらに下って、宿泊場所まで行かなければならない」

片言英語で伝え、先行することにする。

いっしょに歩いて、たどたどしい英語でも会話を楽しむべきだったのだろうが、如何せん六時には「水井橋」に着かなければならない。「金子や」の先で左折して県道を離れ、「歩き遍路道」に入る。

たちまち鶴林寺への急坂と向き合う。

急な坂は焼山寺で経験済みだが、やはりきつい。喘ぎ喘ぎ、一歩一歩、歩を進める。道の両側は畑であったり、果樹が植わっていたり。開けているが誰にも会わない。じっとりと汗ばんでくる。水なしに気がついたのはこの辺りだったか。私はウォーキングで水筒を持参したことがない。街道筋には自販機が林立しているからだ。もともと歩行中にあまり水を補給する習慣がないので、気にせず進んだ。（だが、以後は、山中に入るときには、念のためにペットボトルを頭陀袋に入れるようにする）

二十番　鶴林寺《かくりんじ》　十七時三十四分。一四・一キロ

かなりしんどい登りではあったが、時速四キロで踏破。この急坂では仕方がない。歩幅は七五センチとまずまず。舗装の県道が長かったので稼げたようだ。

参拝を済ませて即出発。ともかく午後六時には水井橋に着かなければならない。

南東方向へ下る。

こちら側の斜面は鬱蒼とした杉林。もう薄暗い。

道は九十九折で、よく整備されているが、猛烈な急坂である。間違っても登りには使いたくないと思ったほど。杉林の中、日暮れが迫り、さらに暗くなる。南東側の斜面で、日はとっくに尾根の向こうに落ちているから薄暗くなるのが早いのだ。午後六時前に廣瀬君から電話がある。

「水井橋についた、どんな様子？」

「下りにはかかっているが、とても六時には着けそうもない」

「残りがどのくらいか想像がつかない。思ったほどスピードが上がらないので、三〇分は余計にかかると思う」

返事にたがわず、六時二十七分、水井橋で廣瀬君と再会。

まずはめでたしだが、またまた人に迷惑をかけてしまった。

車に乗り込むと、ドリンク剤を出してくれる。まったく水分補給をせずに何時間も歩いたからだには、まさに干天の慈雨だった。ここからは快適なドライブ。山間の県道を東へ那賀川沿いに下る。二十キロほど走ったろうか。自宅に到着。

風呂を頂き、心尽くしの夕食をご馳走になった。私が呑兵衛だということを知っているので、うまそうな酒を準備しておいてくれたが「断酒中」と謝絶する。廣瀬君は一滴もいけないので、一瞬「始末に困るかな」と思ったが意志を貫く。

話が尽きず、随分と夜更かしをする。出発前夜を入れて今日で四泊目だが、夜更かししても睡眠不足を感じない。たぶん極めて眠りが深いのだろう。

第三日

歩行距離　四三・九キロ
所要時間　十一時間五十二分
歩数合計　六万三三九〇歩
平均時速　三・七キロ
平均歩幅　六九センチ

四月五日（木）晴れ

六時起床。身支度をして、居間へ出ると奥さんは、既に朝食の支度をして待っていてくれる。七時に廣瀬君の車で、昨日の「水井橋」まで送ってもらう。

七時三十五分、水井橋を渡り、太龍寺への登りにかかる。鶴林寺と太龍寺はそれぞれ五〇〇メートルほどの山の上にある。その真ん中を那賀川が流れており、私は西から東（左岸から右岸）へ渡ったことになる。

遍路道は、支流の谷川沿いに分け入って行く。

なんと、ここで急に腹が痛くなる。

私は生来、腸が丈夫でなくちょっとしたことで、下痢を引き起こす。それもいきなり来るので、タチが悪い。これまでの街道歩きでも何度も見舞われて、えらい目に遭ってきている。今回は幸いにして人っ子一人いない山の中だ。万が一、誰かが通ることだけに注意をして、林の奥で用を足した。不思議なのだが、一度排出するとケロッと治ってしまう。

他人にとっては噴飯物の珍事だろうが、一九九六年に街道歩きを始めてから、私はこの災厄に何度つき合ってきたことか。街道にはコンビニやガソリンスタンド、ときには郊外型のパチンコ屋があって、なんとか難を逃れるが、山の中ではいかんともしがたい。奥州道中（白河―宇都宮）は、二所ノ関から南へ下る山中で、中山道は和田峠の西餅屋跡の広場の隅っこ、関ヶ原の手前の道路脇で、いま実行中の「奥の細道」紀行では数知れず。まったく汗顔の至りだが、この苦しみは経験のない人には想像もつくまい。ここのところかなり改善はしてきたが、それでもこの遍路期間中は今回を入れて二回経験している。

話を戻す。

鬱蒼とした杉林の中、沢を詰めて行き、尾根筋への登りにかかる。

今度はとてつもない登り。焼山寺、鶴林寺、どちらもきつい登りだったが、ここもトップクラス。だから、ここにはロープウェイが架かっている。多くの人が遍路道できついルートに焼山寺、神峯寺、横峯寺、雲辺寺などを挙げるが、私の印象では、この「鶴林寺―太龍寺」を挙げたい。人によってコンディションが異なるので異論があるとは思うが、ほぼ五〇〇メートルの急な山を二つ登り下りするのは相当にしんどかった。一・五キロで三四〇メートルを登る。単純計算では平均斜度二〇％強である。

二十一番　太龍寺《たいりゅうじ》　八時五十五分　四・一キロ

一時間二十分要した。

急坂でもあり、途中で道草を食っているので、まずまずの速さ、と満足する。

当初計画では一一キロ先の二十二番平等寺をスタート。そこから四七キロ歩いて、徳島県の最南端海陽町の「ふれあいの宿」までであったが、ここからだと五八キロある。とても歩けない。とりあえず牟岐町あたりを目指すことにする。

昨日の時点で、毎日最低一ヵ寺の計画を断念した。これからはその日、その日ベストを尽くし、最短の結願を目指す。予約をしていた宿泊場所は昨日の廣瀬君宅までだ。その点からも気は楽になっている。

今日の宿は今後の調子しだいとして、下りにかかる。

尾根筋から数百メートル、「歩き遍路道」の急坂を下ると広い自動車道に出る。地図で同じようなところに道が二筋記載されているのが理解できなかったが、「自動車遍路道」の一方通行路のようだ。

自動車道に入ってからは緩やかな下りで、ひょっこり「龍山荘」「坂口屋」の前へ出る。県道を渡って小さなアップダウンを繰返しながら阿瀬比の遍路小屋を目指す。舗装された自動車道路でたいした坂道もないのにスピードが出ない。

阿瀬比到着　十時二十六分。

六・三キロを一時間二十分、約九千歩。時間的にはやや遅い程度だが、歩幅が七〇センチとまったく伸びていない。おそらく階段を含む急坂での歩幅が極端に短いのだろう。

「歩き遍路道」へ入り、大根峠を目指す。

前方からのお遍路さんに初めて行き会う。今年は閏年なので、逆打ち（八十八番から一番へ反時計回りに巡拝すること）が多いと聞いていたが、少し時期が早く、逆打ちの遍路に会うのは　伊予に入ってからだろうと思っていた。

平等寺までの距離を訊く。

二十二番　平等寺《びょうどうじ》　十一時四十一分　一〇・九キロ

思ったよりも時間がかかっている。

歩幅がさらに短くなっている。単純計算で五〇センチにしかならない。これは記録相違を疑わなければならないが、前後のつじつまは会っている？

参拝を済ませ、境内のベンチに座って昨日の残りのバウムクーヘンを食う。

ちょうど正午なので、次の宿泊地を予約しなければならない。次は二十三番、ほぼ二〇キロ先にある。薬王寺の周辺は遍路宿が多く、予約をするのには都合が良い場所だが、三時過ぎには着いてしまう。もう少し先に行きたい。が、一五キロほど先の牟岐町までない。

迷ったが、少し遅くなることを前提に、牟岐まで足を伸ばすことにする。日程消化が遅れ気味になっていることに焦っていたのだろう。薬王寺周辺で宿を取ればいいものを、つい気持ちが先へ行ってしまい、これが大きな失敗につながる。

牟岐駅前の民宿「あづま」を選んで電話を入れる。

すぐにＯＫが出た。

「ところで、」と女将さん。

「今どこから電話しているの？」

「平等寺を打ち終わって、出発するところです」

「えっ？　平等寺」女将さんの声のトーンが高くなる。

「そこからうちまでは来られないよ。薬王寺の近辺で予約を取り直しなさい」

「いや、少し遅くなるかもしれないが、必ず行きますから」と、しつこくお願いする。

「じゃあ、もし来られないようだったら電話をちょうだい」

やっと、たぶん呆れながら、女将さんは折れてくれる。

「車で迎えに行くから」

冷静に考えてみれば、すぐにわかることだ。平地を歩いても六時間近くかかる距離だ、十二時に出発して、六時に到着できるわけがない。あきらかにあせって無理をしている。

目一杯スピードを上げて歩く。県道だから歩きやすいことは歩きやすい。が、小さなアップダウンは途切れることなくつづく。途中一〇〇メートルくらいの峠がある。苦しむ。しかし峠を越えると、目の前に思いもかけない景色が広がった。

真っ青な日和佐《ひわさ》の海が眼前に展開している。

旅立って以来、内陸部それも主に山中を歩いてきたので、目を洗われる心地がする。


四月五日（木）晴れ　☀　二十一番～二十三番

ここからは、あらかた海岸沿いの県道を歩く。

日和佐の町中に入ると、すぐに薬王寺が待っている。

二十三番　薬王寺《やくおうじ》　十六時四十五分　一九・七キロ。

阿波最後の札所である。

約五時間、時速四キロ、歩幅も六〇センチ強とまったく回復していない。

そそくさと参拝を済ませて、出発。

あと一五キロある。

ともかく前進。

国道五五号線、平坦で歩きやすくスピードは出る。とはいうものの、すでに三〇キロ近く山道を歩いている。体力的には限界である。JR牟岐線沿いに歩き、日和佐トンネルをくぐって牟岐町へ向かう。道の両側は山林が続く。日暮れが近づき薄暗くなりかかったころ、ふいに強烈な腰痛に襲われる。

　十年ほどまえに、日本ウォーキング協会主催のスリーデーマーチという全国的な催しに参加したことがある。三日間で連日五〇キロ――五キロから三〇キロコースもあるが――を踏破するという強烈な大会だ。その三日目の三五キロ付近でリタイヤしたときに感じた痛みと同じものだ。痛いほうの右腰が伸ばせなくなり、体全体が右側に傾き、歩行が困難になる。その時は主催者のレスキュー車にピックアップしてもらったが。

道は下り気味だが、足を着地するときに腰が痛み、まったくスピードが出ない。

残り六キロくらいの地点で、ついに断念。

電話で「あづま」に支援を要請する。

日はすっかり落ち、谷間は真っ暗だ。ポツンと立っているナトリウムランプのオレンジの灯りの下で待つことにする。周囲に人一人おらず、車だけが猛スピードで通り過ぎてゆく。さすがに心細い。

宿のご主人には、美波町から牟岐町に入って一キロほどの「右カーブの頂点の街灯の下」と説明したのだが、山の中で明確な目印がなくて説明が悪かったのか、電話がかかってきて、もう一度説明することになった。

逆方向から迎えの車が来て、ようやく今日の歩きは終了した。午後六時四十二分。

「あづま」は牟岐《むぎ》駅前の小規模な民宿。

女将さんが笑顔で迎えてくれる。そして開口一番、第一日目の「旅館吉野」で同宿したお遍路さんと同じことを言われる。

「やはり、あの時間で薬王寺からここまでは無理だよ。途中で挫折するのがオチ」

当然ながら夕食は一人でとる羽目になる。同宿の方々もまだ食堂にいたので話しながらの食事。若者はいない。五十年配の男性が二組五人だ。いつものように「どこから来たの？」から始まる遍路会話。

宿の女将さんも加わり、彼女——七十歳前後とお見受けしたが、お遍路の達人でご自分も何度も回っているらしい——から、からかい半分に私の今日のコースを訊かれる。

「鶴林寺と太龍寺の間の那賀川にかかる水井橋を七時半ごろに出て、今になった」

「途中腰痛に悩まされて、女将さんに迷惑をかけてしまった」

「そりゃそうだ」続けて、女将さんは私をこんこんと諭す。

「悪いことは言わないから、もう少しペースを落としなさい」

ふつうの街道歩きと四国の遍路道は質が違う、単なるアップダウンだけではなく、足元が悪いから腰に負担がかかるのだ、と。

遍路の先達が、何人もそう言うのだからその通りなのだろう。だが、通し打ちを決意してから数々のトレーニングを積み重ねている。長距離歩行も連日歩行も繰り返してきた。たった四日間、一六〇キロ程度の歩行で、ここまでひどい腰痛を引き起こすとは、どうにも納得できないのである。

私の食事の片づけが終わると、女将さんは宿泊者全員の遍路杖の頭に毛糸の帽子をかぶせてくれる。杖は杉の角材だから、握りにカバーを付けるととても握りやすくなるのだ。これもお

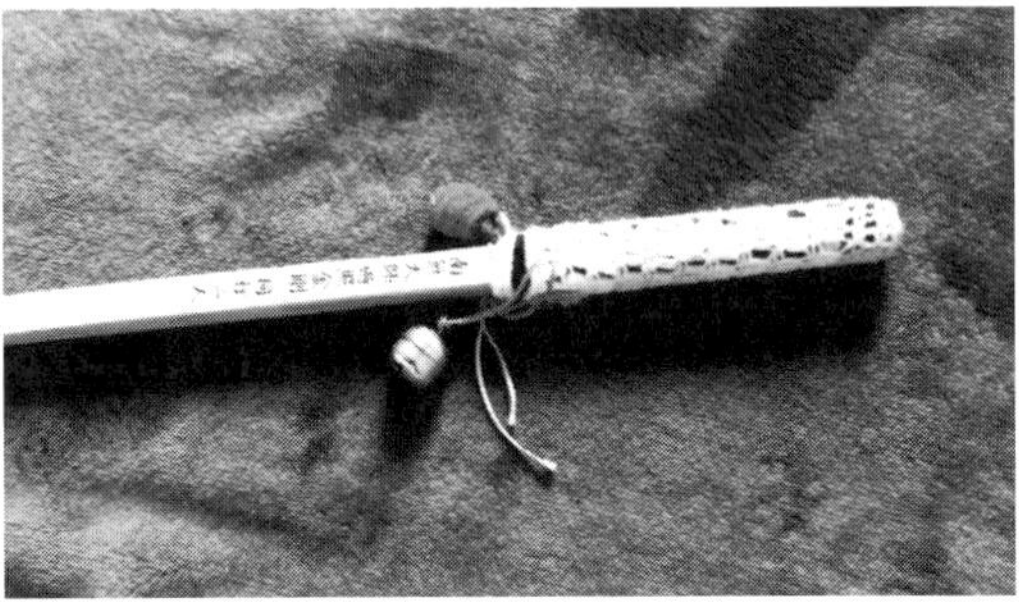
頭に毛糸の帽子をかぶせてもらった遍路杖

接待の一つ、ありがたいことこの上なし。

それだけでなく、頭陀袋のかけ方を指導してくれる。

頭陀袋は白のズック地でシンプルな蓋付きの肩掛けバッグ。地図・経本などたびたび取り出す必要のあるものを入れておく袋だ。これが結構重くて、肩から斜めに掛けて歩くとバランスが悪く、極めて歩きにくい。仕方ないので、私は時々肩の左右を変えながら、ここまで歩いてきた。

「そうやって、初めての人はほとんど間違えている。頭陀袋は首にかけるものだ」女将さんは正しい方法を教えてくれる。

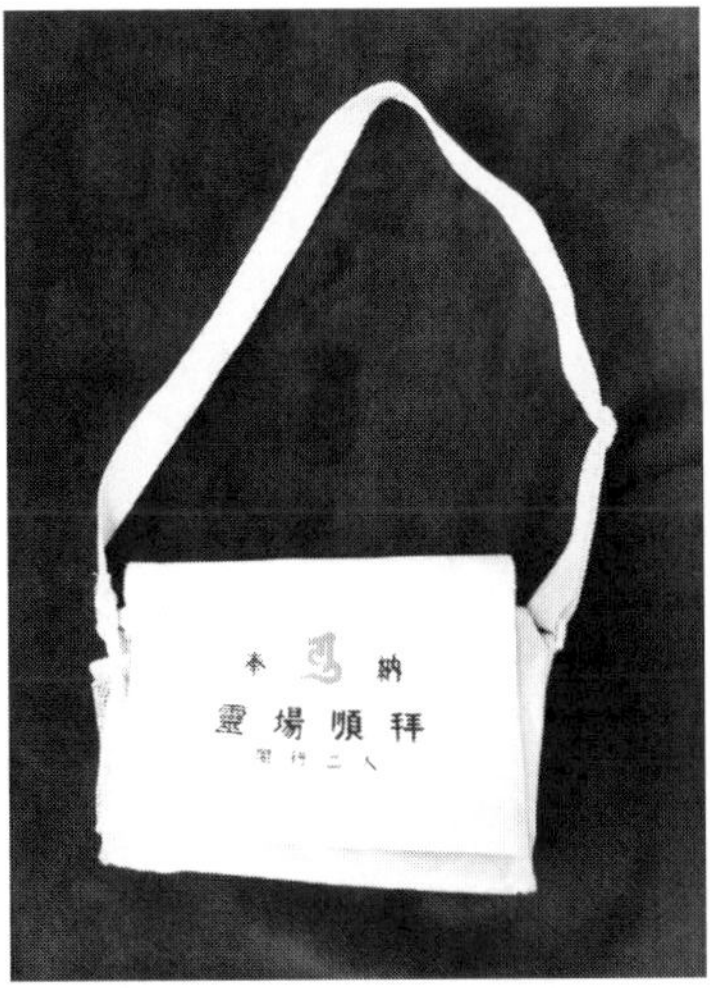

今回世話になった頭陀袋

まずザックを背負う。つぎに頭陀袋を被るようにして首にかけ、紐を両脇の下を通す。すると重量が均等に左右に分散し、ザックの肩紐が頭陀袋の肩紐を支えるので首への負担も減少する。袋は体の正面にあるから、参拝のときそのまま中身を取り出せる。

「これで、明日から少し楽になるよ」

そのあと——女将さんと二人きりでしばらく話をする。彼女はこれまで二十数回巡拝を経験している。何度巡っても、お遍路にはそのつど新しい発見があるという。一度遍路を結願した人は必ずまた回りたくなるものだとも。味のある話をしみじみ聞いていたら、女将さんはいきなり話柄を変えて、

「で、明日はどこまで行くの？」

「はっきり決めていないが、腰痛も取れたようなので、できる限り前進したいと思っています」

「なるほど」と、少し思案顔をして、

「今日の明日だから様子を見ながら二〇～三〇キロ程度にするべきだろうが、だいぶトレーニングも積んでいるようだから、四〇キロほど先に懇意にしている遍路宿がある、紹介するからそこまで頑張ってみますか？」と。

そして、その場で電話をして「ちょっと遠いけど無理な場合は電話をするから迎えに来てやって」と付け加えてくれる。心配りに感謝しながら、部屋に帰ろうとしたら、

「杖は部屋へ持っていって、きちんと立てかけておくように」と叱られる。

あわてて二階へ上がり、同宿の人にも伝言する。

「そこまで言われたことはないが」と言いつつ、みんな部屋へ持ちかえる。

ことさらのルールはないのだろうが、女将の遍路に対するどっしりとした心構えのようなものを感じて、私はたまらなくうれしくなる。

遍路の重要な持ち物である「杖」は、一二〇センチほどの杉の角材で重量は思ったほど感じ

ない。しかし当然柔らかい材質なので、突きながら歩くと先端が、潰れ、ササクレだってちびる。最後まで行くと一五センチも短くなると聞く。ササクレだつと先が汚らしくなるので、ちぎる必要がある。面倒なので、ずいぶん横着なやり方だが、私は引きずりながら歩き、自然に取れるようにして歩いた。最終的には五センチほどの短縮で済んだ。

「今日は疲れた」だけが体の記憶。部屋に帰ってからのことはほとんど覚えていない。おそらく布団を敷いてバタン、キューだったのだろう。

第四日

歩行距離　四二キロ
所要時間　十一時間七分
歩数合計　六万五七〇二歩
平均時速　三・八キロ
平均歩幅　六四センチ

修行の道場へ

四月六日（金）晴れ

あいかわらず、出立の準備に戸惑う。六時四十分、朝食を済ませ、呼んでおいたタクシーで昨日ピックアップしてもらった地点へ戻る。位置を間違えて一キロほど戻りすぎたが、自分への罰としてそこから出発する。時計を見ると正七時。

国道五五号線を南下、牟岐駅を目指す。昨日の腰痛が嘘のように消えている。快調。腰痛はやはり疲労からくるものか？　いずれにせよ、約六キロを一時間でクリア。預けておいたザックを受け取るために「あづま」に立ち寄る。

「あら速いね」女将さんに、褒められた。

「腰は大丈夫？」と、どこまでも気配りにゆるみがない。

「ＯＫですよ」

ザックを受け取って、今日のコースへスタート。

牟岐町の中心部を抜けて、トンネルにかかる辺りで、同宿の二人に追いつく。しばらくいっしょに歩いたが、二人は「歩き遍路道」を辿るというので別れる。

近道の五五号線のトンネルを抜けると海岸へ出る。

昨日の田井ノ浜《たいのはま》の海も素晴らしかったが、この海岸の景色も見事だ。天気が良く青さが際立ち、はるかに盛り上がるような海——太平洋が見渡せる。ＪＲ牟岐線と海岸の堤防との間を歩く。歩きなれた舗装の国道だから、いいスピードがでる。

海陽町に入り、しばらく歩いて海岸から離れる。

ＪＲ牟岐線の阿波海南駅到着。十時十五分。スタート地点から、約一六キロ、二万二千歩。やはり国道ならスピード、歩幅ともほぼ通常の数字を確保できる。気分を良くして平坦な道をピッチを上げて歩く。

当初の予定では、昨日の泊りはこの付近のはずだった。つまり、一日の遅れに見えても実質的な遅れは二、三時間に過ぎない。まだ当初計画への期待は残っている。ペースが上がれば少しずつ回復可能だと。

路傍のドライブインのフードコートで昼食（十一時三十六分）。

しばらくラーメンを食べていないので。ラーメン店を選択。餃子ラーメンを注文。それにしても妙だ。ふつうは「ラーメン・餃子」だろう。待つことしばし。テーブルに出てきたのは、ラーメンの中に餃子が入っているやつだった。名前はともかく旨い。いつもの街道歩きなら、ここで生中（生ビールの中ジョッキ）を一杯。それが私の街道歩きのパターンだが、ここはグッと我慢する。

十二時十一分出発。

現在は合併して海陽町になっているが、徳島県最南端の町、旧宍喰町《ししくいちょう》に入る。ゴルフのジャンボ尾崎の故郷だ。

道はどこまでも五五号線、海岸沿いに順調に歩を進める。ほどなく水床《みとこ》トンネルに入る。このトンネルの真ん中に高知県との県境がある。ようやく阿波の国（発心の道場　二十三ヵ寺）を終了。「ご苦労さん」である。

高知県の最初の町は東洋町。甲浦《かんのうら》海の駅、午後一時二十四分着。

阿波海南駅から約三時間。食事休憩を除き実質二時間半で一二キロ弱。まずまずのペースを守っている。宿泊予定の民宿「徳増」まで二二～二三キロ、このペースなら五時過ぎには到着できると確信する。

調子に乗ってスピードを上げる。

ずっと一級国道五五号線なので、歩きやすい。

「四国遍路がたいへんなのは、距離や高低差のためではない、路面の悪さが影響しているのだ」などと手前勝手に考えながら歩く。

一時間ともたず、出た！

「右の腰がしっとり濡れた感じ」となり、「つづいて昨日と同じ痛み」が襲ってくる。

民宿まであと一五キロは残っている。「距離的には問題がない」と、自分に言い聞かせ、騙し騙し歩く。アップダウンが少ないぶん、昨日よりは楽だが、ともかく足を前へ運ぶたびに痛みが走り、スピードが上がらない。それでも、二時間かけて五キロほど前進しただろうか。

東洋町と室戸市との境界付近でついに断念。

民宿へ救援を依頼したのが十六時五十四分。「あづま」の女将さんが懸念したとおりになってしまう。

民宿の若主人がフォルクスワーゲンのバンで迎えに来てくれた。

十七時二十分。「民宿徳増」に到着、というより搬送される。

今日はとうとう一ヵ寺も参拝できなかった。

二泊目がビジネスホテル、三泊目が廣瀬君宅だった、昨日は大延着。そのため、これまで一度も洗濯していない。今日は早くに歩くことを断念したので、ここで初めて洗濯することにした。自宅で洗濯をすることはまれなので、電気洗濯機の使い方から教わる。民宿によって異なるが、洗濯機使用は一回二〇〇円程度。洗剤がない場合もある。乾燥機の使用料が二十分一〇〇円程度。干場は隣接してある。ただし、お遍路の到着が錯綜すると時間をうまく調整する必要がある。私の場合は、ほかの遍路に比べると、到着が遅いので、たいてい夕食の時間を利用して洗濯することにしていた。

この日はほかの遍路がいなかったので、若主人と談笑しながらの夕食。目の前の海から上がったばかりの新鮮な海の幸が並ぶ。ここは土佐、やはり鰹のたたきがメインディッシュ。家族経営の様子。

第五日

歩行距離　三八・九キロ
所要時間　十時間二十分
歩数合計　五万七二二〇歩
平均時速　三・八キロ
平均歩幅　七〇センチ

四月七日（土）晴れ

遍路の朝はあわただしい。すばやく洗面を済ませ、部屋を片づける。布団をたたみシーツなどは上に載せる。時間によるが、たいがい食事の準備はできている。朝食をいただき、出立の準備にかかる。身支度をしてから朝食をとる遍路も多い。前日洗濯している場合は、それを回収してパッキングしなければならない。「徳増」には、遍路への「お接待」として、宿泊料を三百円ディスカウントしていただいた。

徳増のご厚意で、昨日のピックアップ地点へ送ってもらう。

七時二十四分　本日の第一歩。

何故か、朝になると昨日の腰痛が嘘のように消えている。腰に違和感もなく、快調にスピードが上がる。

ザックを「徳増」に預けてあるので、立ち寄る。九時二十五分。約一二キロを二時間でクリア。荷物が軽く平坦な道、普段通りの速度で息切れも動悸もない。この辺で、霊仙寺出発から約二〇〇キロを踏破した計算になる。

海岸に沿って五五号線を南下。防波堤の上を歩くと、はるかに太平洋の水平線が見渡せる。

天気が良い。海の青さが際立っている。

案内本には「薬王寺から最御崎寺までの七五キロはたいへんだ」と書いてある。この間に札所がない、単調な海岸線を歩かなければならない、それらが理由らしいが、歩きを楽しむ者にとっては、きわめて好ましいウォーキングコースだと思う。

右手は室戸岬に続く小高い山並み、左手はどこまでも真っ青な太平洋。

海岸線はたんたんと続くが、右手の山並みには変化がある。歩き始めた一週間ほどまえの阿波路は春爛漫、桜が満開だった。南国土佐は新緑を迎えようとしている。所々に山藤が花房を風に揺らせている。常緑広葉樹は、キラキラとしたなめし皮のような色とりどりの葉っぱを空に吹きあげている。同じ広葉樹でも新緑の色は千差万別、目を愉しませてくれる。万緑の中に白っぽい新芽を揺らせているのは、何の木だろう。鳥の声もにぎやかだ。勉強して来れば、もっと楽しめたに違いない。

後ろから軽いクラクション。

振り返ると「徳増」の若主人のフォルクスワーゲンが近づいてくる。彼は手を振りながら私を追い抜き南下して行く。今の私の軽快な歩行姿勢、歩行スピードを見れば、彼も要らぬ心配はしないはず。

ほどなく三津漁港を通り過ぎる。

扁平な海岸線の小さな湾入を船泊りにした漁港。人家の少ない道中のちょっとしたアクセントである。「徳増」の若主人のフォルクスワーゲンが今度は前方から近づいて来る。今日の食事の材料の仕入れかも。朗らかに挨拶を交わして行き違う。

一期一会。

「徳増」からは毎年年賀状をいただく。私が巡拝した四年後、つまり昨年、中学の友人が「逆打ち」の途中「徳増」に泊ったという知らせがあった。一期一会の続きがあった。

右手の丘が低くなり、そちらの方向へ分岐する道路がある。地図によると室戸岬をショートカットして土佐湾へ抜ける道路のようだ。

単調な五五号線はなおも南下する。ふたたび右手の丘陵が盛り上がり、黒潮に洗われる海岸のふちに「ロッジ室戸岬」を見かける。「徳増」を出てから初めての宿泊施設。ここを宿泊対象として検討したことを思い出しながら、通過。二十四番まで、約二キロに迫る。

時間は十二時を回っている。

どこで昼食をとるか、思案しながら室戸岬の突端に近づく。

やたらジオパークの看板が目に付く。

恥ずかしながら、私はジオパークなるものの概念さえ持っていない。なんとなく通り過ぎてしまったが、しっかり見ておくのだった。とりあえず空海が若いころ修行のために籠ったという洞窟を見学。学生時代に友人と四国を一周したときに訪れ、数メートルの岩が乱立している海岸に圧倒されたことを思い出しつつ、しばし散策。どうやらこれもジオパークの一部だったらしい。

二十四番は、海岸段丘の上にある。時間を節約するために昼食抜きで上ることにする。

登り口を探し、高低差一六〇メートルを一気に上る。背の低い常緑樹が多い樹林の中の細い遍路道は石ころと木の根に阻まれて歩きにくい上、ひどい急坂。途中で腰に違和感が出てくる。今日も午後は腰痛に悩まされるかも、という悪い予感。杖と木の枝を頼りに体を持ち上げて喘

室戸岬

ぎながらようやく到着。

二十四番　最御崎寺《ほつみさきじ》　十三時二十七分　七五・四キロ

「徳増」から約一四キロ　約四時間　二万千歩。最後の一キロほどの上りと岬周辺の散策があったにしても時間がかかり過ぎる。

逆に歩幅は平均七〇センチほどを確保。

過去に積み上げてきた自分のスピード、歩幅と遍路道での実績の相違について、結論めいたものが浮かび上がってくる。つまり、平地で舗装道路を歩いている場合は時速五キロ以上、歩幅八〇センチだが、坂道（とりわけ階段）になると、この数値が極端に落ちることが考えられる。つまりこうだ。今日のここまでを例にとろう。

私が当初一三キロを時速五キロで歩いたとする。二時間四十分、歩数一万六千五百歩である。しかし残り一キロは時速一キロ、歩数四千五百歩となる。歩幅が二二センチになってしまう。とくに階段なら、同じ段に両足がそろうこともあり、歩幅はこんなものだろう。

いつものように手水、読経、納札の手順を踏んで参拝を済ませる。

何はともあれ、昼食が未だなのだ。

とりあえず海岸へ降りることにし、国道五五号線への電光坂の自動車道を緩やかに下る。天気は絶好、土佐湾が目の下に広がっている。右手に土佐の海岸が延々と連なっている。これからこの海岸沿いに西に向かうのだという感慨が湧いてくる。気持ちよく下っているうちに、腰の痛みが消える。

海岸に瀟洒な造りの喫茶店を発見。

これを逃すと食事にありつけないかもしれぬ。時間も午後二時を過ぎている。ミックスサンドとアイスコーヒーを注文。久しぶりのコーヒーはおいしかった。だが一〇〇〇円には多少驚き。その代わり朝から腰を下ろしていないので、三十分ほど休憩させてもらう。

次は五キロ先の津照寺。海岸沿いの平坦な道を歩く。

二十五番　津照寺《しんしょうじ》　十五時五十一分　六・五キロ

途中昼食休憩を長めに入れたので、スピード、歩幅ともそこそこ。

津照寺は港町の町中、ややごちゃごちゃした雰囲気の中にあって、これまでの札所とは趣が異なる。ここでも目前に遍路泣かせの急階段。呼吸を整え、作法どおりの参拝。

眼下に広がる土佐湾

さて今夜の宿は？

三キロ足らず先に一軒。ここはいくらなんでも近すぎる。といってその先は二〇キロ以上離れた奈半利《なはり》の町中までない。とても歩けない。まさに「帯に短し……」である。そんなこんなで、まだ今日の泊りを決めかねている。

と、ここで知り合ったお遍路さんが、

「我々は次の金剛頂寺の宿坊で泊まります」と耳寄りな話をしてくれる。

急遽電話。泊めてもらえる、という。

金剛頂寺へは、距離は近いが一六〇メートルほど登らなければならない。時間は四時過ぎ、距離的には四キロ弱しかないので、ごいっしょすることにする。

話しながら歩く。時間はかかるが、それなりに気が紛れて疲れは少ない。ただ最後の上りはしんどかった。道を間違え、多少時間が余分にかかる。上りはあったもののやはり歩幅に納得が行かない。それでも自分の足で宿泊所に到着したのは、初日に次いで二度目。情けない。そういえば、心配した腰痛は最後まで出なかった。

二十六番　金剛頂寺《こんごうちょうじ》　十六時五十七分　三・八キロ

立派な伽藍である。

宿坊も大きい。宿泊者もバス遍路を含めてたいへんに多い。

担当者から宿泊ルールの説明を受ける。朝六時起床、護摩壇（？）に集合し全員で朝のお勤め。朝食はその後。これでは貴重な朝の時間を有効に使えない。したがって、早立ちする人はお勤めのまえに出発するとのこと。

混んでいる割に、かなり広い部屋に一人で寝かせていただく。遍路宿はせいぜい四畳半で、荷物を広げたり体の手入れをしたりで、手狭な感じがしていたが、今夜はゆっくり寝られる。旅慣れてきたので、寝つきも良いし、目覚めも目覚ましのお世話にはならないで起きられるようになっている。

第六日

歩行距離　三四・九キロ
所要時間　九時間三十三分
歩数合計　五万一二八六歩
平均時速　三・七キロ
平均歩幅　六八センチ

四月八日（日）晴れ

朝のお勤めを済ませ、朝食をとって七時出発。

番外札所を割愛して、一〇パーセントほどの急坂を、海岸めがけて真西へ急降下する。

海岸で五五号線に合流。五五号線を北西に辿る。舗装道路なので歩きやすい。単調な海岸線をひたすら歩く。このようなたんたんとした道は、旧街道歩きで慣れてはいるが、やはり飽きは来る。

私は銀行員だったので「郵便貯金」とは縁がない。だがこの旅を企画するにあたって――二十数日間の費用を現金で持ち歩くことに危惧を覚え――郵便局で新たな口座を開設することにした。地方都市、とりわけ山村などで必要なぶんだけカードで引き出せる便利さは、やはり郵便局が一番である。今回の旅でしみじみとそれを痛感させられた。

四月二日に引き出した五万円が、心細くなっている。次の町で補充したい。

地図を開げる。

今回持っている『四国遍路ひとり歩き同行二人』地図編（へんろみち保存協力会編）には、コンビニや郵便局の表示があってじつに便利。奈半利の町には、遍路道の近くにあることがわかる。

土佐くろしお鉄道「なはり駅」到着。十時五十九分。

一八キロを四時間で歩く。約二万八千歩　時速四・五キロ　歩幅六四センチ。まったくもって不満だが、どうやらこれが実態のよう。

土佐の遍路道は「修行の道場」といわれ、距離は三八五キロあるのに、札所は十六ヵ寺しかない。（因みに阿波「発心の道場」は距離二二〇キロに札所は二十三ヵ寺）つまり歩いて、歩いて、ようやく次の札所に至るという設定になっている。もっともポピュラーな街道歩きのコース「旧東海道」は全長四九三キロ、この間にいわゆる五十三次の宿場が配されている。土佐の遍路道がいかに長大であるか、この一事で実感できると思う。

次の神峯寺は、金剛頂寺から二八キロ先。

その次の大日寺は、さらに三七キロ先である。

今日の泊りをどうするか。まずそれを決めなければならない。遍路宿は神峯寺の麓と、さらに一〇キロほど先の安芸市にある。

神峯寺は海岸から四三〇メートルの山頂まで往復約七キロ。マッタテ――私の故郷讃岐の方言では「垂直な感じ」の意――の異名を持つ急坂が待っている。これを考慮に入れ、今日中に登ってしまうか、明日に回すか、はたまた思い切って安芸市まで足を延ばすか、これが思案のしどころ。

時間はまだ十一時、既に神峯寺への二八キロのうち一八・五キロはこなしている。

斜面がいかに急であっても、下りの四キロを加えた一四キロは歩けよう。幸い腰痛の兆しはない。たとえ急坂で一四キロに四時間費やしたとしても、午後三時には海岸まで降りられる。そこから安芸市までは一〇キロ足らずの平坦コースだ。五時までには着けると踏んで、安芸市の「山登家旅館」に予約を入れる。電話をしながら、また嫌なことを思い出した。この宿は、当初計画では昨日宿泊することになっていた。

奈半利町で貯金を四万九千円引出す。

端数を付けるのは両替の必要性を削減するため。田舎町で何かを購入する場合、一万円札では「迷惑かもしれない」との我が心遣いである。奈半利町を出てしまうと昼食を取る場所がなくなるので、アンパンとキャンディを購入。奈半利の中心街を抜けて、再び単調な海岸沿いの国道を北西に進む。

海風に吹かれながら、護岸の堤防の上でアンパンを頬張る。

天気が良く左前方、土佐湾越しに、これから向かう高知市方面の海岸が霞んで見える。

しばらく歩いて、国道を右に離れ、いよいよ神峯寺への上りにかかる。

神峯寺へは、くろしお鉄道の踏切交差点から、山頂の札所まで同じ道を往復する「打ち戻し」である。こうした場合、荷物を預け、頭陀袋だけで登るのは遍路の常識。預ける場所が用意されている。にもかかわらず私はそれをすっかり失念。かなり登ってから思い出す。

いまさら戻るのは悔しい。

道端の小屋の裏陰にザックを放り出して登る。

覚悟していたせいか、自動車道と交差しながらの上りは思ったほどきつくない。頂上直下の駐車場から札所までの一キロ弱、七〇メートルの登りはさすがに急坂で、ジグザグに登ることになる。この道だけはバス遍路の人も必ず徒歩で登らなければならない。「マッタテ」の異名は、ここからついたのではなかろうか。

二十七番　神峯寺《こうのみねじ》　十三時二十八分　二三・九キロ

歩き遍路以外のお遍路さんは、肩で息をしながら登ってくる。当方は涼しい顔というほどの余裕はないが、参拝の間に呼吸も収まり、すぐに次へのスタートにかかる。

急坂を一気に下る。

半分ほど下ったところで、行き違った一人歩きのお遍路さんに声をかけられる。四十代くらいのおとなしそうな女性である。

「まだ、だいぶありますか？」

「半分ぐらいです」

「最後の登りがちょっときつくなりますが、頑張ってください」

ふう、と息を吐き、彼女は頂上を見上げる。

「今日はどこ泊まりですか？」

遍路の出会いの礼儀として、私が返す。

「ふもとの遍路宿です」とのこと。しかも通し打ちだという。

女性が一人で歩いて通し打ちとは。驚いたが、このあとも一人歩きの女性のお遍路さんとは何人も出会う。けっこう数が多い。このお遍路さんとは一週間くらいのちに、再会することになる。

途中の小屋でザックを回収して、交差点を右折、西へ向かい海岸へ下る。下りきったところで五五号線に合流。ここから宿までは一〇キロ弱。珍しく日の高いうちに宿へつけそうだ。

どの辺りだったか、路傍に「岩崎弥太郎生家」の標識がポツンと立っている。

右折すれば三キロほどで見学することはできそうだが、往復一時間以上かかりそうなので断念。徒歩旅行は、スピードがないぶん、色々なものが良く見えておもしろいのだが、移動するとなると思いどおりにはいかない。良し悪しだ。

安芸市「山登家旅館」へは午後四時十六分着、一三キロを二時間半強。時速は五キロ出ている。まずは満足。昨日、今日と二日続けて腰痛が出なかった。何とか最悪期を脱してくれたのか？

計画表には、七日「山登家旅館」泊と書いてある。計画にまる一日遅れた。それでも、腰痛が出ないこともあって、遅れを取り戻す気力は失っていない。

早く着いたので、身の回り品と薬を補充することにする。

まず二日目の焼山寺の登りでの手のけがの処置。加えて連日の山道のアップダウンで両足の拇が靴先で圧迫され、内出血し、爪が真っ黒になって剥がれそうになっている。これを絆創膏でしっかり固定しておかなければ大事に至る。そのために大量に消費しているカット絆の補充。次に化膿止め。バラマイシンという抗生物質配合の軟膏を使用しているが、薬に対する耐性を考慮して種類を変えて補充すること。さらに腰痛を軽減するために貼付しているロキソニンテープを買う、という欲張った目的だった。

大型の薬局でないとこの手のものは入手しにくいから、女将さんにドラッグストアを教えてもらう。安芸市の中心街のかなりの大型店だったが、カット絆以外は、医師の処方箋が必要だとか。仕方なし。一般的な市販薬を購入する。全行程の四分の一しか消化していないのに、先が思いやられる。

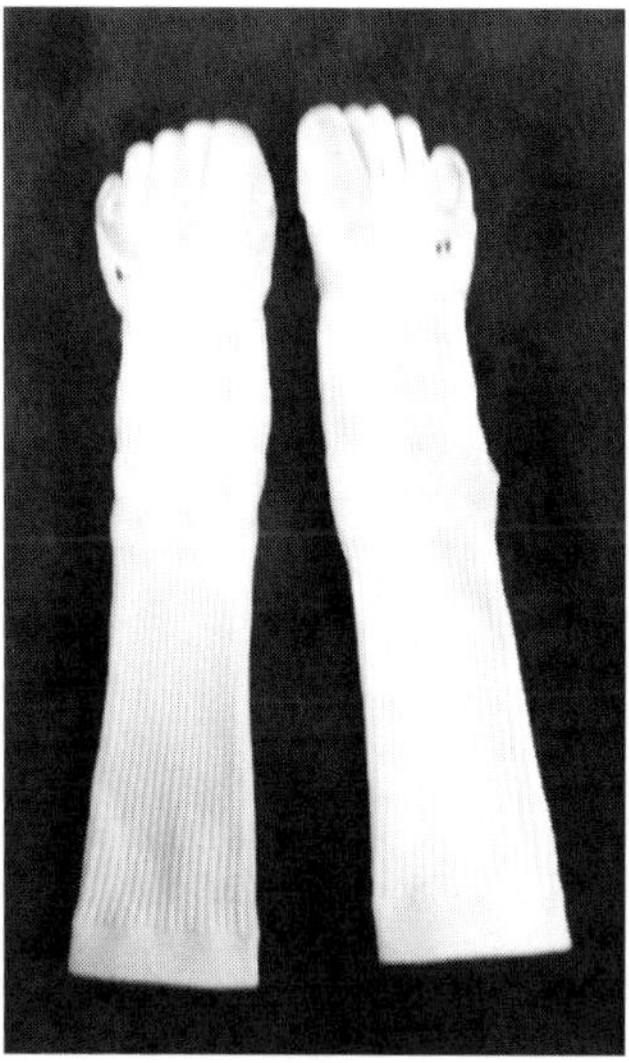

遍路旅で用いた五本指の靴下

気を取り直し、スーパーに立ち寄って、傷んだ下着と靴下を補充。安物の五本指の靴下を持参したが、連日五万歩を越える歩行に、足がむくんだのかまったく履けなくなっている。

宿へ帰り、女将さんと会話しながら夕食を摂る。遍路宿というよりは商人宿の体裁で部屋数も多そうだが、この日の客は私一人のようだった。

就寝のまえに、欠かせないのが足腰の手入れ。

入念に消毒し、薬を塗布してガーゼを当てて絆創膏で固定する作業は、両手両足で一時間くらいかかる。二日目に負った手の傷は一週間経ってようやく固まりかけ、痛みはなくなったが油断できず、カット絆の処置は欠かせない。参考にした西川氏の本に「真向法が良く効いた」とあったので、腰痛のときに試してみたが、付け焼刃では効果がなく、これはすぐ止めた。

腰についてはロキソニンテープで対応していたが、補充できないので市販のもので対応することにする。

第七日
　歩行距離　四〇・九キロ
　所要時間　九時間十六分
　歩数合計　六万八八四歩
　平均時速　四・四キロ
　平均歩幅　六七センチ

四月九日（月）晴れ

見上げれば晴天。

今日は何か良いことある如し。

七時二十五分。朝食を済ませ出発。

町を出はずれて、五五号線から海岸沿いの遍路道を取り、ほぼ西に向かう。緩やかに海風が流れ、朝が早いだけに長袖シャツ一枚と白衣では肌寒さを感じるくらい。しばらく歩いて体が温まってきたころ、

「お遍路さん」

うしろから呼び止められる。

振り替えると、荷台付きの耕運機に乗った若い（と、云っても三十代だろうが）お百姓さんがいて、ポリ袋に入ったトマトを差し出している。

「いま、ハウスで、もいできたばかりだ」

「フルーツトマトだから甘くておいしいよ。お接待、持てって」

お接待を受けた場合は、立ち止り、遍路での経験などをお話しするのが礼儀ということにな

っている。私は、恐縮し、しばらく話をし、お礼を言って別れた。後日スーパーでフルーツトマトの価格を見てビックリ、千円以上する分量だった。行く先々でさまざまな形でお接待を受けたが、これは印象に残るお接待の一つ。

海を見渡せる遍路休憩所で、先行するお遍路さんに追いつき、ひと息入れる。二人でいっしょに、ありがたくフルーツトマトをいただく。つまんで食べて驚いた。いったいこの甘さはなんだ。名前どおり果物《フルーツ》そのものではないか。私一人ではとても食べきれない量なので、おすそ分けして半分ずつ持って歩くことにする。スピードが異なるので、すぐに別れて先行する。たがいに名も告げず。こうして同じ方向へ進んでいても、彼とは二度と会うことはあるまい。いろいろ話すべきかもしれないし、歩き遍路の多くはそうしているぞと思いつつ、胸の底へ「一期一会」を落とし、先を急ぐ。

次なる目標二十八番は遠い。神峯寺からは三七キロ、安芸市からでも二四キロを超える。海岸沿いの遍路道を快調に進む。景色は単調だが、四月の海風は、発汗してもすぐに心地よく乾かしてくれる。出発して一六キロ、十時三十五分、「道の駅　やす」に到着する。海辺にある大きい道の駅で、複合施設のようなしつらえ。三時間十分　二万二千歩　時速五キロ強、歩幅七三センチ。

まずは順調。

ひと息入れて、今日のこれからの行程を決めることにする。地図によると、ここから五五号線を横断して山側の遍路道へ入る。いよいよ土佐湾とお別れして内陸部へ進むことになっている。目的地は七、八キロ先。今後ずっと食堂らしき施設は見当たらない。コンビニ、スーパーは適度に点々と配置されているようなので、昨日同様軽く済ますことにして、さてどこまで行くか。

考えてみれば、今日は当初の計画を丸一日違いで歩いている。そのまま踏襲できる。当初計画では三十番までの三ヵ寺を打終え、さらに四キロ先の某ホテルに泊まることになっている。

いまの私はともかく先を急ぎたい。

そこで、五〇〇メートル程コースから外れロスを生む某ホテルでの宿泊を止め、一キロ手前の「ウェルサンピア高知」を目指すことにする。そこに荷を下ろし、三・六キロ先の五台山にある竹林寺を打終え、タクシーで戻ればよい、と考えた。竹林寺には一〇〇メートルの登りがあるが、距離的には何とかなる。しかも「ウェルサンピア高知」は民宿ではないから到着時間の制約がない。明日は竹林寺までタクシーで飛ばし、三十二番への時間を節約する。いささかだが、これで後れを取り戻せる。予約はすぐにとれた。「ウェルサンピア」は「サンピアセリーズ」と改称していたが。

立ち上がり、尻のほこりを払う。

二キロほど歩き、五五号線について内陸へ右折。若干の登りとなる。海風が途絶え、汗がふき出す。

一級国道の自動車の多い道をひたすら歩く。五五号線から右に切れて、二十分ほどで到着。このあと「歩き遍路道」沿いにはコンビニが極端に少なくなる。忘れずに昼食をゲットしておく。「おにぎり」三個、ペットボトル一本。

二十八番　大日寺《だいにちじ》　十二時三十五分　二四・五キロ

右手の山の麓、かなり大きな寺院。

参拝後境内を拝借し、おにぎりを頬張る。

目指す竹林寺までは二二キロほどある。

次の国分寺までは九・二キロ。どうやら川を越えて西方の低い丘陵地帯を進み、かつて後免《ごめん》と言っていた現在の南国市を目指すらしい。これまでの実績と登りを考えると、時速五キロを超えるのは至難。かなり急がねば、竹林寺へ行けない恐れがある。

それにしても、日差しの強いこと。

阿波を歩いている間は下着代わりに半袖のTシャツも着ていたが、ここ二日は長袖のTシャツ一枚に、白衣をはおっただけで歩いている。それでも暑い。

私は、速乾性のTシャツを着るようになってから、着替えは二枚しか持って歩かないことにしている。遍路宿は洗濯機と脱水機が備わっているし、通常の街道歩きでビジネスホテルに宿泊しても、ザバッと水洗いして浴室に干しておけば翌朝には乾いているからだ。私が街道歩きを始めた九〇年代半ばは、五泊六日の旅の場合、五日分の上下の下着とTシャツが必須の装備だった。ザックはかなり重くなった。現在は二日ぶんプラス予備の一組あれば問題はない。便利な世の中になった、とつくづく思う。

汗を拭きふき、前進あるのみ。

川を渡り、田園地帯の遍路道を進む。舗装されていることもあるし、土の道もある。いわゆる田舎の道で、歩き遍路にとってはたいへん歩きやすい。どこまでも緩い登り道がつづく。

暑い、暑い。

苦戦しながら、やっと山門をくぐる。

二十九番　国分寺《こくぶんじ》　十五時八分　九・二キロ

四国八十八ヵ所で、同じ名前の寺院がいくつかあるが、全県に共通なのはこの国分寺である。なにしろ聖武天皇の勅願により全国（当時の分国ごと）に設置されたものだから当たり前か。各地の国分寺は国分寺跡になっているところも多いことを考えると、さすがというべきであろう。

川沿いの遍路道を西進。暑さ以外は快適に歩を進める。途中やや急な坂を上り、県道三八四号線に合流、高知市に入る。出発からほぼ三〇〇キロを踏破したことになる。逢坂峠をしばらく下って到着。

三十番　善楽寺《ぜんらくじ》　十六時四十二分　六・九キロ

型どおりに参拝。

ここまで西へ歩いてきたが、南へ向かい、いよいよ高知市の中心部へ入る。道は若干の下りでまっすぐ南下している。遍路道沿い三キロ先に、今夜宿泊する「サンピアセリーズ」がある。遅れを取り戻すために、ホテルにザックを預け、身軽になって三十一番へ向け出発する。が、チェックインに手間取り、もう五時半を過ぎている。

竹林寺までは三、四キロある。目前に見える標高一二〇メートルの五台山が目標だ。広い道路（県道四四号？）を全速力で歩く。日は長くなっているが、夕暮れが迫ってくる。願わくば、日没まえに参拝を済ませたい。

四四号線を左に切れて、遍路道を南下。市電の線路を越えて住宅街に入ったところで、道を失う。遍路道を間違えたか。まったく見当がつかない。

本の西川氏が五台山の麓で道を間違えて苦労した話を思い出し、早めに道を尋ねる。

「色々あるが、近いのは……」

と、教えていただいた道を登る。住宅の間の路地を抜けて急な山道にかかる。

五台山の北側なので、陽が落ちて薄暗くなりかかっている。細い道を辿る。墓地の中を通ることもあり、何度も諦めかけるが「ともかく行けるところまで」と必死に登る。と、ぽっかりと牧野植物園（日本の植物学の泰斗として有名な牧野富太郎を記念して開園したもの）の敷地へ出る。

やれやれ、これで何とかなる。だが人影もなく、案内板を参考に進むしかない。しかし、竹林寺の方角すらわからない。五里霧中の中、ようやく地元の人らしい年配の集団に巡り合い、道を訊く。

一目散に竹林寺を目指し突進する。十八時二十五分、ようようの思いで到着。

当然、寺は閉まっている。これは想定の範囲内。

参拝は明朝ということにしたが、こんどはホテルへ帰る手段に窮する。竹林寺は名刹だから、時間さえ早ければ参詣する人もあり、いろいろな交通手段もあるだろうが、いまは人の動く気配もない。寺務所棟に灯はあるが、売店なども閉まっている。この時点で、私は未だ手もとの地図にタクシー会社の電話番号が記入されていることに気がついていない。立ち往生していたら、運よく空車のタクシーが来た。

いくら信心深いお遍路さんでも「地獄で仏」、そんなに都合よく来るわけはあるまい。やっぱりお寺の人が呼んだものらしい。運転手にすがるように駆け寄って、無線でもう一台回して貰うようお願いする。

結局、私のタクシーが「サンピアセリーズ」の玄関に横づけされたのは十九時。疲れと空腹がどっと押し寄せる。

三十一番　竹林寺《ちくりんじ》　十八時二十五分　六・六キロ

ここはホテルなので、夕食は自分で手配しなくてはならない。時間も時間だ、ホテルのレストランで済ますことにする。メニューには和食が多い。連日「カツオのたたき」を中心とした夕食で、たぶん今後も続くことが予想され、ビーフカレー、野菜サラダに飲物はオレンジジュースを注文した。久しぶりの洋食で旨いこと。（一六七〇円）

第八日

歩行距離　四五・五キロ
所要時間　十一時間
歩数合計　六万五八四〇歩
平均時速　四・一キロ
平均歩幅　六九センチ

四月十日（火）晴れのち曇り

六時起床。

朝食は抜いて、頼んでおいたタクシーで勇躍竹林寺へ向け出発（六時半）

六時四十八分、竹林寺着。参拝。

早朝の境内はひんやりとして気持ちが良い。団体遍路のザワザワした喧噪もなく、国の重要文化財の本堂を独占。とはいえ、ゆっくりしてはいられない。次へ急ごうと思ったところで、眼鏡をホテルに忘れたことに気がついた。

眼鏡がなければ旅を続けられない。せっかく竹林寺まで来たのにホテルへ引き返さざるを得なくなる。

昨夕は運よくタクシーが一台来てくれたが、早朝の竹林寺は人っ子一人いない。已むなく次の三十二番への道を辿り、ホテルとは逆（南側）の坂を、昨日タクシーで通ったトンネルの南側の入り口まで下り、そこでタクシーを拾うことにする。五台山トンネルは片側二車線の立派な道路。車の流量は多いが平日の朝の通勤時間帯である。通るのは自家用車ばかり。空車のタクシーなどまったく来ない。諦めてトンネル内の歩道を約一キロ歩き、北側の出口から町並みへ出てコンビニに駆け込んだ。

「タクシーを呼んでください！」

水一本買うでなく絶叫する遍路に、コンビニの店主もさぞ驚いたことだろう。

おかげでどうにかホテルへ帰り着く。

しかし、部屋、洗面所、どこを探してもないとの返事。念のためにウエストポーチの中を探していたら、受付カウンターの女性が「額のところにあるのとは別の眼鏡ですか？」と言う。あっと思ったが、「いや、もう一つのほうです」と私。しかもウエストポーチをかき回すふりをしてこう言ったのだ。

「あ、ありました。お騒がせしました」

人間、追いつめられると、ろくな嘘をつかない。

早々にホテルを飛び出し、待たせておいたタクシーに飛び乗って、もう一度、五台山トンネルの南側まで運んでもらう。あせりは禁物。戻るまえにホテルへ電話で確認しておけば回避できた（かもしれない）失敗である。遅れを回復する計画が水泡に帰したばかりか、余分の時間とお金までかかってしまう。

気を取り直して、三十二番へ向け歩き始める。

五台山道路の下を潜り、川を渡ってから川沿いに遡り、県道二四七号線を南下。海岸へ向かっているはずなのに登りがあり、山が迫ってくる。

途中、「武市半平太旧居跡」の立札を見かけた。左手やや奥まったところにある農家よりやや大きい程度の民家がそれらしい。土佐勤皇党の主催者として、ここを本拠に幕末に勇名をとどろかせた歴史上の建造物である。興味はあったが、遅れているので通過。

小さなトンネルを越えて、集落に入り、左折すると禅師峰寺の入口。

参道で、参拝を終えたらしい背の高い外国人のお遍路さんが――ぶつぶつ独りごとを言いながら――やってくるのに出会う。挨拶だけですれ違ったが、彼とはその後しばらくいっしょに歩くことになる。

禅師峰寺は、海岸近くにあるのに八〇メートルも立ち上がった山の上にある。またしても遍路泣かせの修行坂。毎度のことながら恨めしい階段だ。焦っていたので、到着時間を記録するのを忘れてしまった。

三十二番　禅師峰寺《ぜんじぶじ》　十時？　五・七キロ

しんどい登りだが、その苦労に応えるような良いお寺。

参拝後すぐに出発。次は七・五キロ先の三十三番。

来た道を戻り、交差点を西へ直進。桂浜方面へ進む。（県道一四号線）

この道は「坂本龍馬像」で有名な桂浜とは、浦戸湾の入り口で遮断されている。いまは浦戸大橋が湾口を跨いで設置されて、車でも徒歩でも行ける。それまでは高知市内をはるかに迂回するか、県営フェリーで渡るほかなかったらしい。橋は浦戸湾に出入りする船を通すために、全長一・五キロもある。スパーンも長く、高さもある。地図を見ると、浦戸大橋経由はかなりの遠回りになるが、渡船を待つ必要はない。どうしようか、迷いながら大橋へ続くバイパスを歩く。

と、前方でさっきの外国人お遍路さんが、道路工事のおじさんに道を訊いている。工事の人は言葉で困っているようす。

外国人お遍路さんは「フェリーボートはどこだ？」と訊いている。

彼を引き取り、私も渡し舟で対岸へ渡ることに決める。三人にとっては、文字どおり「渡りに船」、地図を確認し、不慣れな英語で自己紹介しながら渡船場へ。三十分ほど歩いたか。一四号線の旧道の方へ入り、さらに細い道をたどって乗り場に到着。

フェリーは、浦戸湾の東側、種崎と対岸の長浜の間をおよそ五分でつないでいる。運よく十分ほど待てば、十一時十分発の便に乗れる。一時間に一本の船だから、これはラッキーだ。

船賃は無料。距離は六〇〇メートル程度なので、船に弱い私でも問題なし。おだやかな海面を海風に吹かれながら渡る。浦戸大橋がくっきりと美しい曲線を見せている。乗り物利用という後ろめたさが若干心をかすめる。

外国人お遍路は、ミスター・フリッツ（Fritsz）、オランダ人だ。

高校の数学の先生をしていたらしい。退職したので以前から興味があった「四国巡礼」を思い立った。私と同じく「通し打ちを予定している」という。私より五日まえに一番札所をスタートしている。

当然、歩くスピードは私より遅い。複数でのウォーキングは話しながら歩くので疲れも少ないが、速度に差があると、たがいに気を遣い合い、双方共倒れすることも多い。なので、私は街道歩きを始めてから「一人歩き」にこだわってきた。最近は私のスピードが落ちて、他の人にペースを合わせても苦にならなくなったので、グループウォーキングを楽しむこともあるが――。

船を降りたところで、思い切って別れる。

渡船場から雪蹊寺は遠くない。

三十三番　雪蹊寺《せっけいじ》　十一時四十分　七・五キロ

土佐の戦国大名、長曾我部元親が再興し、没後、その菩提寺になった寺。

このあとも、各地の寺院が長曾我部の侵略時、焼き払われたという記述をすることになるが、長曾我部元親のために先にひとこと弁護をしておきたい。戦国時代、寺院は防御のための砦となっていることが多い。攻める方としては焼き払う必然はあったと思われる。

参拝を済ませ、無料休憩所で自販機の「ドラヤキ」と「牛乳」の昼食を摂る。

間もなく、フリッツが到着。

彼はすぐには参拝せず、靴を脱いで足を養生している。その後、寺に入って行ったので、声をかけず次の種間寺へ出発する。

川沿いの道を西進、県道二七八号線を離れて、「歩き遍路道」を進む。高知市の郊外といった感じで、平坦なコースをたんたんと歩く。

空に雲が浮きはじめる。

三十四番　種間寺《たねまじ》　十三時十二分　六・三キロ

型どおり参拝。

今日のこれからの行動を宿泊場所も含めて決めなければならない。

地図によると三十五番までは九・八キロ、三十六番まではさらに一三・〇キロとある。約二三キロだから、五時間見込まなければなるまい。

今夜の宿泊は、ここまでの経験で「無理は禁物」と三十五番と三十六番の途中、浦ノ内湾沿いにある「汐浜荘」を選ぶ。そこまでなら一五キロ足らず、楽に到着できる。三十六番へのコースからは五〇〇メートルほど外れるが、問題なし。それ以前の宿泊可能地域となると、三十五番から三キロほどの土佐市の中心部しかない。そこではあまりに近すぎると考えた。

電話で予約を申し込む。

例によって「今どこですか？」と訊かれる。

「種間寺を出発するところです」

「それは無理です」と言下に断られた。

地図に標高表示がないが、三十五番はそう長くはないがきつい急坂があり、仁王門からの階段も長いとのこと。

「泊まっていただきたいのはややまだが、悪いことは言わないから土佐市の中心部の旅館を探したほうがいい」とアドバイスされる。

「そこだとおそらく四時まえに着いてしまう」

「どうしても汐浜荘まではたどり着きたい」

粘って無理に頼み込む。「先方は私の脚力をご存じない」そんな驕りも胸の片隅にあったのだろう。

「きっと来られないと思うけど」ＯＫはしてくれたが、先方はこう付け加えた。

「無理なら遠慮せずにキャンセルの連絡をください」

「……」

そうこうしている内に、フリッツが追いついてくる。行程にゆとりできたので、「いっしょに歩こう」と申し出るが、「ランチをとっていないので」と断られる。

雲が広がりはじめ、陽射しが翳る。

暑さは楽になるが嫌な予感。天気予報は下り坂だ。

県道二七九号線を直進、国道五六号線で左折して仁淀川を仁淀川大橋で渡る。天気がみるみるおかしくなる。雲が厚くなり、せっかくの「仁淀ブルー」の流れも、片鱗を眺めて写真に収めるのみ。五六号線沿いに歩く。

どうやら「歩き遍路道」への入り口を見落としたようだ。

バックする気になれず、そのまま進む。

途中でご夫婦のお遍路さんに追いつく。私と同じくらいの年輩とお見受けする。声をかけて道を確認する。先方も迷っている。「間違っていることはわかっているが、さてどうしようか」思案中だという。

道端で休憩しながら地図で調べる。はるか右前方の小高い山にある寺院が清瀧寺らしいということで意見が一致。しばらく五六号線をたどって、どこかから右に入って高速道路を潜れば行けそうだ、と結論を出す。

迷子どうし、同行することにする。

この辺りで、左の腰に違和感が出はじめる。

いままでと違い右腰ではないが、気持ちの悪さは同じ。それもあってスピードを控えるが、徐々に腰痛が強くなってくる。同時に「一度遍路道を外すと、なかなか道標（遍路シール）が見つからず苦労する。五〇〇メートル行っても遍路シールがなければ、元へ戻ること」案内本の鉄則が身に染みてくる。

ともかく五六号線を歩き、適当に勘を付けて右折する。うれしいかな、遍路シールを発見。三人揃って遍路道を歩き、清瀧寺を目指す。

やや登りで、思ったより距離が長い。

腰の痛みがじわじわと増してくる。

急な登りにかかるところで、ご夫婦は、しばし休憩するとのこと。強烈な腰痛に襲われているが、私は先行することにする。むしろ登りの方が息は切れるが腰への負担は少ない。

最後の石段を登り切って、ようやく到着。

三十五番　清瀧寺《きよたきじ》　十五時五十二分　九・八キロ

本堂はそれほど古いものではない。

境内からの眺めはなかなかだ。高みにあるから土佐市の中心部を含めて、歩いてきた道がよく見える。ただし天候は下り坂で遠望はきかない。

ここから汐浜荘までは約一二キロ。

こんどは下りだが、時速六キロで歩いても到着は十八時を過ぎそうだ。しかも腰痛は下りの方が堪える。思案しているところへ、フリッツが追いついてきた。あまり速くはないが、着実に歩を進めている。

「今日はどこで泊まるのか？」

訊いたら、やはり土佐市内で泊まる予約をしていると。

今日一日中付かず離れず歩いてきたのも何かの縁だ。彼の泊まる「白石屋旅館」に泊まれたら、「汐浜荘」を女将さんの親切に甘えてキャンセルさせてもらうことにする。「白石屋旅館」は、夕食の準備はできないが宿泊と朝食はＯＫとのこと。ありがたく泊めていただくことにして、汐浜荘にキャンセルの電話。

「たぶん無理だと思っていた」

「すみません」

「あてにしていなかったから、気にしなくていいよ、あははは」

バカな遍路のキャンセルをこころよく受けるのもお接待のうちか。女将さんは快諾してくれる。まったくもって私はこの遍路の間にこの手の迷惑をどれだけの人にどれだけかけただろう。汗顔の至りである。

目途がついたので、フリッツといっしょに下りにかかる。

腰痛は左腰から——これまで悩まされてきた——右腰に痛みが移り、下るにしたがって、激痛を覚えるようになる。

そうはいっても「白石屋」までは、なんとしても辿りつかねばならない。

約三キロ。先を行くフリッツは、長い足を器用に使い、いくつものカーブを道なりにこなしてゆく。見ると、カーブはすべて外回り、必ず傾斜の緩やかなほうを歩いている。いっけん無駄に思えるが、理に適った歩き方だ。私のように先を急ぐあまり、最短距離を歩いていない。これは参考にせねば、と思う。その後、急な上り下りではその歩き方を踏襲することにした。

私の腰痛はいよいよ限界に近づく。

と、フリッツが立ち止り、いきなり私の背からザックを剝ぎとった。五キロ以上あるザックである。それを担いでくれたのである。彼は清瀧寺参拝の前に、途中の白石屋にザックを預け、空身だったとはいえ、である。

背中の重荷がなくなったからといって、腰痛が収まるわけではないが、精神的には救われる。一歩ずつ足を引きずりながら歩く私を、彼は辛抱強くエスコートしながら「白石屋」まで連れて行ってくれる。

白石屋旅館着　十六時五十分。

この日の腰痛は、今回の遍路中何度か襲われた腰痛のなかで最大のものだった。一歩踏み出すごとに顔が歪むほどの激痛。思い出すのも嫌である。

私には夕食がないので、コンビニの場所を訊いて、調達することにした。ちょっと張り込んで千円の焼肉弁当を買った。フリッツといっしょに食べることにしたので、デザートを二人ぶん仕込んだ。

焼肉弁当は宿の女将さんが温めてくれる。

覚束ない英語で、彼のこれまでの遍路旅をボツボツ聞きながら、楽しい夕食である。

彼はＰＣを携行し、毎日ブログを書いて、写真とともに母国の友人たちに送信している。遍路宿ではネットが使えないことが多い。それで苦労しているらしい。私が二日目に遭遇した「爆弾低気圧」は、室戸岬への途中で襲われたとのこと。そのとき、ポンチョの中にしっかり格納していたはずのＰＣを濡らし、買い直したと嘆く。

最近、観光地の民宿は設備も整い、トイレや浴室も洋風のものが多くなっている。だが遍路宿は未だ和風のトイレが多い、食事も和食、味噌汁、納豆といった外国人が敬遠しそうなメニューが多い。「不満はないか？」と訊いたら、「ＮＯ　ＰＲＯＢＲＥＭ」と一言。

私が、これまで挨拶を交わした外国人は、ヨーロッパの人だったと伝えると、さもあらん、とうなずく。ヨーロッパには「サンチャゴ・デ・コンポステーラ巡礼」の習慣が根づいているから、その延長線上で考えられるのだろうと。食事をしながら一時間ほど話し、それぞれ自室へ引取る。

腰痛に苦しみ、当初計画は白紙になってしまった。

この時点で当初計画からの遅れを意識しなくなったのだが、この遍路ではそれがむしろ幸いしたような気がしないでもない。

第九日

歩行距離　三二・六キロ

所要時間　八時間四十五分
歩数合計　五万二四八五歩
平均時速　三・七キロ
平均歩幅　六二センチ

四月十一日（水）大雨

朝からかなり強い雨が降っている。

六時前に起床。

準備に手間取り、いずれ追いつくと伝えてフリッツには先行してもらう。

完全な雨装束で七時に出発。

幸い昨日の腰痛はケロッと治っている。ただし腰に残った違和感が「無理をするとまた痛くなるぜ」と警告している。

フリッツは三十六番を参拝し、打ち戻して、昨日私が予約をキャンセルした汐浜荘に泊まる。土佐市の次に宿泊可能な場所は、青龍寺付近を除くと三五キロ先の須崎市までない。短期踏破を目指す私のような遍路には取れない選択ではあるが、彼のこの選択は妥当だと思う。

今日は青龍寺一ヵ寺のみの参拝。

その次は五六キロ先の岩本寺だから、間で一泊しなければならない。

宿を出発してしばらく歩くと、前方数百メートルを悠然と歩くフリッツを望見。無理にスピード上げず、徐々に間を詰めて行く。雨は強くなるばかりで、回復の見込みは皆無だ。小さな峠道にかかると、右手に遍路休憩所がある。彼が雨宿りをしながら私を待っていた。休憩所（吹きさらしの小屋）では、野宿のお遍路さんがベンチ式の腰かけの上でシュラフにくるまって寝ている。フリッツが待っていた理由は、警告マークに気がついたからだ。そこに書かれた日本語の注意事項が彼には読めなかった。

「歩き遍路道」はこの先、標高一九〇メートルの峠を越える。注意事項には「歩くことは可能だが、荒天時には注意！」とある。降っていなければ問題なく遍路道（峠道）を行くが、雨では――注意事項にあるように――ぬかるんだ山道を歩かなければならない。舗装道路を直進すればおよそ〇・八キロの塚地坂《つかじざか》トンネルを抜け、海岸に出たところで、遍路道に合流する。距離的にもトンネルの方が若干短い。

私とフリッツは泥んこ道を敬遠、舗装道路を進むことにする。

雨の降っている時のトンネルほどありがたいものはない。前方から疾走してくる車は嫌味だが、通常は歩道があるのでまあ安全だ。照明も適度にあり不安もない。なにより雨に打たれないのがうれしい。

約十分で塚地坂トンネルを抜ける。

雨はやや小降りになっている。

フリッツとは青龍寺までいっしょに歩く。海岸沿いの小さな町を歩く。宇佐町域なのだろう。左手前方に巨大な橋が見えてくる。浦ノ内湾の入り口に掛かる「宇佐大橋」だ。この橋を渡って青龍寺へむかう。降りしきる雨の中、遍路はもとより一般の歩行者にも出会わない。

橋を渡り、広い県道（四七号線？）を進む。またしても右手に「歩き遍路道」が分岐している。地図によると、この道は距離的にははるかに短そうだが、見たところどうみてもぬかり道だ。うなずきあって県道を行くことにする。海岸沿いに岬を回りこんで到着。

三十六番　青龍寺《しょうりゅうじ》　九時二十七分　一〇・六キロ

弘法大師はつくづく意地悪な人かも――？

雨の中、難路を避けて比較的楽に歩を進めてきたが、やはり最後に長い階段を準備してある。本堂にたどり着き、いつもどおりの参拝を済ませる。

いよいよフリッツと別れる時が来た。

彼はここから、いったん来た道を戻り、浦ノ内湾の内側沿いに西へ向かう。私は三キロほどバックするのが惜しくて、このまま横浪スカイラインを西進し、行けるところまで行くことにしている。別れ際に携帯電話の番号を渡す。東京に帰ってきたら帰国まえに「メシでも食おう」と約束したが、残念ながら電話がなく、彼とはそれきりとなった。電話番号を尋ねたのだが、片言英語が通じず教えてもらえなかった。

フリッツと西東へ別れ、しつこい雨の中、私は二三キロほど先の須崎市まで急がねばならない。浦ノ内湾を西から抱きかかえる横浪半島を縦断するスカイラインを越えて、西へ歩く。まだ十時前だ。普段通りのスピードなら二九キロ先の須崎市安和《あわ》、あるいは三六キロ先の中土佐町の土佐久礼《くれ》までも行けそうな気がする。宿泊の予約は入れず、行けるところまで行くことにする。

土砂降りの中、ほとんど自動車専用道路のようなスカイラインを歩きはじめる。

高校野球の強豪校、横綱朝青龍の母校、明徳義塾高校の脇を通る。

天気予報ではとうぶん回復の見込みはない。ポンチョ、オーバーズボン、革製のスポーツサンダルの完全武装で出発している。どんなに降っても先日の暴風雨ほどではないだろうし、あの山道とは事情が全然異なる。

片側一車線だが道幅も広く立派な道路だ。

道は太平洋と浦ノ内湾を隔てる横波半島の小高い山並みを、なだらかな傾斜でアップダウンを繰り返しながらつづく。天候が悪いためか車もほとんど走っていない。ますます風が強くなる。左手の太平洋側からは波が岩で砕ける音が激しくなってくる。道路は尾根筋を通っており、海岸線は見えないが相当荒れている感じは伝わってくる。すでに須崎市に入っていそうなのに、まったく人に会わない。というより、人の気配すらない。轟然と降りしきる雨の中をただただ歩くのは、心理的にはかなり圧迫感がある。

もよおしてきたので「武市半平太像」のある公園に立ち寄る。

トイレはあったが、コンビニや売店の類はない。

雨を避けながらしばらく休憩する。止まると汗がひいて、四月なのに寒い。

同じような道をさらに進む。古街道を歩いているときも、まま、こういうケースに出っくわすことがある。黙々と歩くしかない「歩かないと着かぬ、千里の道も一歩から」と唱えながら歩くのだが。

時間は十二時を過ぎている。

地図を見ても、確かにWC以外に何もないことにはなっている。さすがに不安になってきたとき、道路が下り坂になる。

半島を縦断したことがようやく確認できる。

腹が減る。最寄りのコンビニまでは五キロ以上ありそうだ。

魚料理を食べさせる食堂らしき店を見つけたのは、坂を下りきって浦の内湾の最奥部の水面が見えるところまで来たときだ。

値段はわからんが「ままよ」と飛び込んだのは、午後一時だったか。

どうやらこの浜で取れる魚介類をバーベキュー風に自分で焼いて食べる施設のようだ。親子連れが一組、楽しそうに貝を焼いている。焼きながら食べる楽しさに魅力はあったが、時間がないので定食を食べることにする。

が、それからが一大事。

食堂は座敷になっている。だから上がらなくてはならない。私は頭のてっぺんから足の先まで濡れ鼠である。雨具をすべて脱がなくてはならないし、サンダル履きだから靴下も脱がなくてはならない。サンダル用に履いていた五本指の靴下が脱げない。しかも大量の濡れた物を置くところもない。四苦八苦してようやく「うどん雑炊定食」にありつく。定価九〇〇円。雑炊はアサリの入った塩味、うどんはふつうのものだったが、雨に打たれて冷えていた体には美味しかった。

食事を終って出発するのにまたひと苦労。濡れた雨具を着こむだけでも大変なのに五本指の靴下がどうしても履けず、諦めて素足にサンダルを履くことにする。やむを得ぬこととはいえ、これが大失敗。拇と第二指が鼻緒に擦れて、一時間も歩かないうちに腫れ上がってしまった。すっかり時間をとられ、時間は午後二時半を過ぎている。

今夜の宿を考えねばならない。

一〇キロほど先が須崎市の中心街である。旅館もビジネスホテルもある。この中から選択することにする。予備知識がなく、濡れ鼠を乾かすには民宿よりホテル方が都合がよかろうと、当てずっぽうで「ビジネスホテル鳥越」に電話をかける。朝夕の食事もできます、とのことなので予約を入れる。

雨の中へ飛び出す。

少し雨脚が弱くなり、空もやや明るくなっている。腰の状態も問題なさそう。ともかく前進あるのみ。坂を下り切ると、浦ノ内湾沿いに来る県道二三号線に合流。一〇キロ足らずで須崎に到着する見込み。

雨が上がる。例によって、乾かすために雨支度のまま歩く。

小さなトンネルを抜けて順調に進む。

大阪セメントの大きな工場の前を歩く。わけもなく、久しぶりの風景に出会った感じだ。

「ビジネスホテル鳥越」は国道五六号線の旧道沿いにある。バイパスの新道を越えて山側に回り込む。

到着。十六時五十五分。

ビジネスホテルとなっているが、「鳥越」は食堂兼営で民宿と変わらぬ印象である。

ともかく、ずぶ濡れの着衣を処理しなければならない。

ポンチョとオーバーズボンは乾いているので、畳んでザックに収納。スポーツサンダルを履いた足の拇と第二指は血が滲み腫れ上がっている。大げさでなく両足とも瀕死の状態。二日目に暴風の中で負った手の傷も治りきらず満身創痍。かすかに腰に違和感を覚えたが、こちらの方は悪化することなくすんだ。

ひと息ついたところで、傷が浸みるのを我慢して風呂に入り、体を温めてから傷の手当てにかかる。六日目に大量に購入したカット絆創膏が早くも不足気味になったので、街に出て購入する。

夕食の準備ができた、と声がかかる。

階下の兼営の食堂でいただく。

朝食も同様、ここでとのこと。

第十日
歩行距離　三四・六キロ
所要時間　九時間五十五分
歩数合計　五万二一五四歩
平均時速　三・五キロ
平均歩幅　六六センチ

4/10から4/13のメモを記した手帳

四月十二日（木）晴れ

五時過ぎに起床。

遍路旅も十日を過ぎて慣れたせいか、あるいは疲れがたまってきたせいか、夜はぐっすり眠れるようになっている。念のために携帯の目覚ましはセットしておくが、お世話になることはほとんどない。

いつも午前中はそうであるように、今朝もまったく腰に違和感はない。

足の腫れもひき、五本指のソックスを履く。

昨日の雨でぬかるみも残っていよう。今日もスポーツサンダルで歩くことにする。

三十七番までの三五キロほどが本日の予定。

その先は最長区間、岩本寺―金剛福寺の約八〇キロが待ち構えている。岩本寺から先は十数キロにわたって宿泊場所がない。したがって、今日は岩本寺近辺で泊まる予定だ。

須崎からの経路は二つある。

一つはＪＲ土讃線沿いに国道五六号線を歩き、安和から焼坂《やけざか》峠を越える「焼坂遍路道」――歩き遍路はこれが一般的だが、昨日の雨で峠道はぬかるみが懸念される。

もう一つは、五六号線（中村街道）を直進し、一・五キロほどの「焼坂トンネル」を通る道だ。こっちは峠道を避けるから「ぬかるみ」の問題はない。

ここも山道を回避。

トンネルを抜けてしばらく行くと、いったん「焼坂遍路道」が五六号線に合流してくる。「歩き遍路道」は土佐久礼の手前で、また「そえみみず遍路道」と「大坂遍路道」に分岐する。

おおかたの案内本では「そえみみず」を推奨しているが、こちらは途中四〇〇メートルほどの尾根を越える必要がある。いっぽう「大坂」の方は谷筋を詰めて七子峠《ななこ》を目指す、双方距離的には大差ない。谷筋を詰めるのは、昨日の大雨の影響が心配だが、高低差の小さいのが魅力。大坂谷川《おおさかだにがわ》を歩き——もし増水がひどいようなら——ほぼ並行する国道五六号線へ回避することにして、私は大坂遍路道を選択する。

五六号線から大坂谷川沿いの遍路道に入ったところで、男性遍路に追いつく。

六十歳くらい、今の私にはまだお若く見える。

今日は距離が短いので、ごいっしょさせていただく。

松山在住で、これまで何回かに分けて、区切り打ちをしているとのこと。四国在住であれば、区切りまでの往復の交通費の負担も軽いし、計画も余裕を持って立てられよう。彼も、昨日の大雨で道が悪いと判断し「そえみみず遍路道」を回避した由。遍路道の左側を流れる大坂谷川の流れは、あまり濁っていない。上流部はさほど雨が多くなかった証拠だ。

谷筋の道は峠に近くなるまで、あまり急な登坂はない。

彼とは、前後しながら同じくらいのスピードで楽に歩く。

谷川の水音が徐々に遠のくと、急坂がはじまる。峠への直登にかかる。道はよく整備されていて九十九折れ状の道が積み重なっている感じ。あまり太くない針葉樹の疎林の中をグングン詰めて行く。

この辺で、彼に「先に行ってくれ」と言われる。

「じゃあお先に」

と歩を進めるが、たいして行かないうちに最初の目標地点七子峠についてしまう。

「着きましたよオ!」

声をかけて、彼の到着を待つ。

約一九キロを四時間四十五分、二万七千歩で来た計算。時速四キロ、歩幅七〇センチ。登りを考えたらまずまずか。

昼食は、コンビニで購入しておいた「お稲荷さんと太巻き」のセット。彼は遍路宿で作ってもらった握り飯を頬張っている。

峠の先で、国道五六号線と「そえみみず遍路道」と合流する。

国道の左側の山道が「歩き遍路道」。五キロほど楽しめる。しかし土讃線影野駅の手前でまた国道に合流、その後はときどき遍路道が分岐するが、岩本寺付近まで、だいたいは国道を歩かされる。

しばらく国道を二人で歩いたところで、「私はここからバスで帰ります」と同行者。まさか松山まではあるまいな、と思いつつお別れする。一期一会。

またひとり旅。

国道を約一〇キロ歩いて、ＪＲ土讃線の終点窪川駅に到着。ここから岩本寺は指呼の間。最初から泊りは岩本寺と決めていたので、宿は近所の「末広旅館」に予約を入れてある。宿に荷を預けて、頭陀袋のみで参拝に向かう。

三十七番　岩本寺《いわもとじ》　十六時十九分　五八・五キロ
ここまでで、踏破距離は四〇〇キロを超えた。
全行程の約三分の一を消化したことになる。日数的には予定をオーバーしているが、すでに当初の計画は放棄している。三十日未満で歩ければと考えている。その目標からも若干遅れ気味なのは気になるが、あとは腰のご機嫌しだいということか。

第十一日
　歩行距離　三四・五キロ
　所要時間　八時間五十四分

歩数合計　四万八〇九二歩
平均時速　三・九キロ
平均歩幅　七二センチ

四月十三日（金）曇りのち雨

いよいよ最長区間　岩本寺―金剛福寺、八〇・七キロに足を踏み入れる。

途中一泊で足摺岬に到着し、宿泊できるようにしたい。それには最長区間の真ん中辺に今日の宿をとる必要がある。

三五キロほど先、四万十川の近くに「ネスト・ウエストガーデン土佐」がある。そこまで行けば、明日四五キロほどで足摺岬まで行ける可能性がある。とりあえずそこを候補にする。

曇っているが、空は暗くはない。ただ、今日も午後は雨の予報だ。

スポーツサンダルで歩くことにする。

同宿だった三人といっしょに出発する。親しげにしているので、てっきり仲間かと思っていたら、そうではなかった。たまたま話が合い、スピードも丁度いいので連れ立って歩いているとのこと。なるほど、それもありだなと思う。三人とは二十分ほどいっしょに歩いたが、ペースが合わないので、断って先行する。

快調なペースで進む。が、わかりにくい分岐で地図を眺めているところへ、三人が追いついて来たので、道を教えてもらう。お礼をいってまた先行する。

一期一会。

里山の中の遍路道を行く。午後は雨の予報にもかかわらず、薄日が差してきて気持ちの良いウォーキングを楽しむ。

途中、高松の小学校の同級生だった女性から携帯に電話がかかってくる。彼女は同期会に出席していなかったので、私が四国を歩いていることを知らない。

「今、何してるの？」

「土佐の山の中を歩いているよ」

「なんだ、お遍路さんやってんだ」

彼女は平素、スポーツジムに通い体を鍛えているので、以前旧東海道の戸塚—川崎間二五キロ余を二人で歩いたことがある。私の歩行スピードに何時間もついてこられる稀有な女性だ。携帯を耳に歩きながらしばらく話をつづける。三日目に大学時代の友人の廣瀬君の家に厄介になってから、十日も知人と接触がない。こんなことは常日頃ないから、妙に懐かしい。話しに熱中しすぎて道を取り違え、行き止まりに迷い込みそうになる。

道は黒潮町に入っている。

窪川と宿毛を結ぶ「土佐くろしお鉄道」が右側から寄り添ってくる。この鉄道ともつれ合いながら、遍路道は海岸へと向かって行く。

海岸へ近づくにつれ、空が暗くなる。

ぽつぽつ降り始める。

海岸へ出てしばらく行くと「佐賀公園」という「くろしお鉄道」の駅があり、岬に食堂がある。雨宿りがてら昼食をとることにする。十二時十七分、岩本寺から二〇キロほど。五時間弱。二万五千歩。時速は四キロ強だが、歩幅は八〇センチ。

昼食は地物の魚の「煮付け定食」。味付けがやや塩辛いがうまかった。

この休憩を利用して、今日の泊りを考える。雨は降っているが、道は問題なし、アップダウンもない。三時間歩けるとして、一二〜一三キロは行ける。ということで、濡れたときの処置も含めて、予定通り一三キロ先の「ネスト・ウエストガーデン」に予約を入れる。

雨が本降りになってきたので、様子見。

十三時五十一分、やや小やみになったところで雨具は着けずに出発。

今度はブラジル人と同行する。

日本語が少しできるので、気が楽だ。彼は、六キロほど先の民宿で宿泊するという。海岸沿いに歩くうちに雨が強くなってくる。ポンチョを着けるため、彼に先行してもらい、五〇〇メートルくらい後ろを歩く。道は国道五六号線、海岸線に沿っている。やや左カーブなので、先を行く姿は見えるのだが、速くて追いつけない。井の岬トンネルを過ぎたところでやっと追いつく。しばらくいっしょに歩き、彼の泊まる「高浜荘」に到着。

一期一会。

私の目的地までは、あと七キロ程度。

午後三時になっている。

雨が降りつづいているのでつらい歩行になる。朝の三人グループが泊まる民宿の前を通過。五六号線から左に切れて、海岸沿いの遍路道に入る。

ここで、逆打ちのお遍路さんに出会う。

二十歳代のうら若い女性。ひとり歩き。雨中で彼女も行き先までの距離が知りたかったのだろう。ここまでの情報とエールを交換して西東に別れる。

雨脚は強くなったり、弱まったり、しつこく降り続いている。まだ午後四時ごろなのに、日暮れのような暗さ。人っ子ひとり見かけず、目指すホテルの案内板が一ヵ所あっただけで、公園らしき中を右往左往させられる。

午後四時半、ホテル到着。

松林の中を二十分ほどさまよったことになる。

ロビーに入るまえに、濡れ鼠の始末。ポンチョはロビーに干させてもらうが、オーバーズボンと靴は泥だらけで、雨の中バケツを借りて水洗いをする羽目になる。

ここは、ホテルだが朝夕の食事が付いている。風呂に入ってから久しぶりに「洋風の夕食」を食べる。心底くたびれた。平坦地にもかかわらず、スピードが遅いのは「雨宿り」のせいだろう。

第十二日

歩行距離　三五キロ
所要時間　九時間五分
歩数合計　五万三〇三五歩
平均時速　三・八キロ
平均歩幅　六六センチ

四月十四日（土）晴れ

七時二十五分、快晴のもと出発。

風が雨に洗われて爽やかである。

手足の傷も回復したし、天候もよいので靴はスニーカーにする。やはりスポーツサンダルはソールが薄く固いので、長距離ウォークには向かぬ——と結論。今日からは、いよいよ「足摺岬」を目指し、南へ歩く。

どこの漁港だったか、おそらく四万十川の手前、黒潮町の漁港だろう。とても背の高い分厚い防波堤が強く印象に残っている。

いっしょに歩いていた外国人お遍路さんが突然問いかけてくる。

「ツナミテンデンコは何ですか?」

正確な日本語の発音ではない。何かの聞き違いかと思って問い直すと、目前の高い防波堤の上の方を指さす。

見上げると、なるほど大きなローマ字で、「TSUNAMI　TENDENKO」と書いてある。ちょうど一年ほど前に東日本大震災が発生、津波による大被害が記憶に新しい。「津波が来

四万十川

たときは家族の心配をしていると共倒れになる恐れがあるから、家族もテンデンコに逃げていることを信じて、自分が身一つで逃げなさい」という教えだ。

しかし、これを的確に伝えることが出来るかとなると、自信がない。うまく言わないと「自分さえ逃げればいい」ということになり、日本人は極めて利己的な考え方をすると誤解されてしまうかもしれない。

この地域は、南海トラフ地震が起こると最大で三〇メートルを超える津波に襲われる地域として知られている。日本語でも、うまく伝えられない内容を、英語で話すなどということは、私にはできない。結局、それぞれが自分で逃げれば結果的に多くの人が助かる、という意味だと答える。我ながらお粗末だ。

それにしても誰がなんの意図でこれを書いたのか。しかもローマ字で。津波（TSUNAMI）は世界語でわかるが、日本語でもあやふやな「TENDENKO」とは。住民へのアピールだとしても、年寄りに「TENDENKO」は

四万十大橋

あるまい。しばし考え込んでしまった。

今日は、清流で名高い四万十川を渡る。

本来の「歩き遍路道」は河口の「下田の渡し」を船で越えるようだが、渡船の予約など面倒なので「四万十大橋」で越えることにする。距離的にはあまり変わらない。

小高い丘陵地帯を、小さなアップダウンを繰り返しながら進む。舗装された良い道だ。車にもほとんど出会わない。まして人にはまったく会わない。道が正しいかどうか、時折あらわれる遍路シールだけが頼りという心もとないウォーキングだ。九時二十七分、四万十大橋東詰に到着。一〇キロ弱を二時間、一万三千歩。時速五キロ、歩幅七七センチ。まずまずの出足である。

四万十川はさすがに美しい。

下流なので清流というイメージではないが、佇まいは優美なる大河だ。

「四万十大橋」はほぼ一キロ近い長さがある。その橋上から上流を見渡すと、遥かに四国山地の山並みが霞んでいる。

国道三二一号線の広い道路を「新伊豆田トンネル」へ向けて登る。三二一号線は四万十川の右岸に沿って南下しているが、やがて右カーブして山道にかかる。自動車道なのでそれほど急坂ではないが、そのぶん長い。

いい加減くたびれてきたところで、約一・五キロのトンネル。これを抜けると足摺岬のある「土佐清水市」に入ることになる。

また、腰に異変が生じる。

これまでは午後だった痛みが、午前中に発生の予兆。腰にしびれを感じ、それが徐々に痛みに変化してゆく。

トンネルを抜けると真念庵への入り口にドライブインの食堂「水車」がある。すでに十一時を過ぎた。早い食事をしながら、腰のご機嫌をうかがい、今日の宿泊の予約を考える。約九キロを二時間強、一万二千歩。時速四・五キロ、歩幅七五センチ。登りを勘案すれば順調といえる。腰は小康状態、このまま落ち着いてくれることを願うのみだ。

足摺岬は太平洋に向かって、親指を立てたように二〇キロほど半島状に突き出ている。その先端が岬で、そこに三十八番がある。

半島の東海岸を南下し、参拝後、同じ道を打ち戻すか。あるいは参拝後、西海岸を通って北上し、そのまま海岸沿いに「名勝竜串」を見ながら三十九番に向かうか。いずれにせよ往復する形になる。ここで誰もが判断を迫られる。西海岸——こっちは距離が一〇キロほど長い——を行く人も多いようだ。

私は打ち戻して、下の加江《しもかえ》から山越えをするコースを選択。それを前提として、今日の宿泊場所を決めることにする。

ポイントは、宿泊場所から金剛福寺の参拝を終え、打ち戻してどこまで戻れるか、そしてその翌日の行動がしやすいかである。結論は、当然だが「今日行きつけるもっとも先の民宿」である。

地図には、下ノ加江川を下れば「安宿《あんじゅく》」、海岸線に出れば「民宿いさりび」「久百々《くもも》」など興味をそそられる民宿が林立している。しかし先を急いで、行きつける範囲でもっとも遠い約一五キロ先の民宿「旅路」を名前にひかれて選択。

出発を十二時過ぎとして、三時半ごろには着いてしまいそうだが、その先は一〇キロ以上宿がない。アップダウンはさほどなさそうなので、多少無理すれば行けるとも考えたが、前日、降られてすっかり弱気になっていた。予約の電話の応対が、なんとなくあまり歓迎的でない感じなので、「混んでいるようなら他を当たります」と言ったところ、そうではなく「食事の準備をしなくてはならない」ということだった。なんだか変だと思いながらも、決めたことと予約を入れた。

十二時二十分出発。下ノ加江川の右岸沿いに下り、海岸線に出る。

当時歩いていた「奥の細道」で眺めた夏の日本海に比較すると男性的な海で、海の色が印象的だ。

「大岐《おおき》海岸」など素晴らしい海岸が続く。大岐海岸はえんえん二キロにわたる砂浜。太平洋から大きな波が打ち寄せ、オットセイ（サーファー）たちの天国のようだ。まだ四月半ばというのに、波間にプカプカ浮かんでいる。

と、小康状態だった腰痛が突然暴れだす。

なんの前兆もなしに右の腰が痺れたような感覚になり、しっかりした歩行ができなくなる。時間のゆとりがあるので、砂浜を歩こうと思っていたが断念。国道三二一号線を行く。腰痛のためにスピードはガタ落ちだ。

旧道の住宅地区で、雉のつがいを見かける。路地から畑へと餌を啄みながら移動している。何故か、もう一羽、尾羽の立派な雄がうしろをついてゆく。まさか放し飼いになっているわけじゃあるまい、と思いながら見送る。

しばし腰痛を忘れる。

残り四キロほどを這うように歩き、十六時四十五分。「民宿旅路」へ到着。

一〇キロも先の宿を目指さず、自重してよかった。

今日も札所の参拝はなかった——。歯がゆいが、無理はできない。どういうきっかけで、腰痛が発生するのか未だに摑めないでいる。結願第一優先で我慢するしかない。

「民宿旅路」は、ある意味とても印象深い遍路宿だった。

予約を入れたときの応対にやや違和感を覚えたが、道路沿いのこぢんまりとした民家のような感じ。今日の宿泊は私だけ。それで食事の準備をしなければならない、買物に出かけなければならない、と宿主の本音?が電話の声に出たようだ。

風呂は太陽光で沸かしたお風呂で、腰の痛みが溶け出すようで気持ちがいい。風呂場は二階にあり、周囲に人家はないので窓を開けて入浴できる。午後五時過ぎ、四月のやわらかな陽が差していて、ゆったりした気分だ。

この宿は、八十一歳の老婦人が喘息を患うご主人の介護をしながら営んでいる。だから、お客があるのが良いのか悪いのか、微妙なところがある。

夕食は、ご主人が入っている炬燵でごいっしょする。別に配膳するのは大変だということだろうが、これはこれで別の味わいがある。他にお遍路さんが同宿しているなら食事中も話に花が咲くが、一人だと食事もあまりおいしく感じられない。

この日はわざわざ魳《かます》を開いて、魳寿司にしてくれている。若干小骨が気になるが、魳寿司が珍しく、おいしい。ただ、同じ炬燵でご主人がふつうの食事をされている。これぱかりは舌鼓を打ちながらもいささか気づまりにならざるを得ない。ご主人は、食後に金柑をひとしきり頬張る。金柑を食べる習慣のない私には、これも珍しい眺め。勧められたがご遠慮する。

今日は、ひどい腰痛と早上がりで距離を稼げなかった。

明日は頑張ろう。
といっても、下ノ加江の「安宿」から先は二八キロばかり宿泊施設がない。結局は打ち戻して「安宿」で泊まるしかない。

第十三日
　歩行距離　三二・五キロ
　所要時間　九時間二十分
　歩数合計　四万七四五二歩
　平均時速　三・五キロ
　平均歩幅　六八センチ

四月十五日（日）晴れのち曇り

七時五分。今日も晴れ、絶好のウォーキング日和。

打ち戻すので、ザックは「旅路」へ預けて、頭陀袋とウエストポーチだけの軽装でスタート。

「海岸沿いの『歩き遍路道』はわかりにくいから」

宿の八十一歳の女将さんが、杖代わりの手押し車を押しながら同行してくれる。

「入り口まで案内する」

「いや」固辞したのだが、

「そういうことを言うものではない」と叱られる。

なるほど、小さな畑から以布利《いぶり》の漁港を抜け、浜辺を通って入り口に取り付く「以布利遍路道」は、案内がなければまず迷うだろう。

如何せん女将さんが遅いので、後から来たお遍路さんに漁港の岸壁の上で追い抜かれてしまう。しかし道々八十八ヵ所にまつわる話などを聞きながらのんびり歩くのも、それはそれで楽しい。

浜辺から岩の間をよじ登るような遍路道の入り口で別れた。

一期一会。

翌年、年賀状を出したが返事はなかった。何ごともなければいいが……。

以布利遍路道はどこまでを指すのか不明だが、遍路道は県道二七号線と絡み合いながら海沿いに南下して行く。

追い越して行ったお遍路さんに追いついて、いっしょに歩く。

沖縄県のO氏。昨日は民宿「久百々」に泊まって、早立ちしてきた由。「久百々」は三二一号線を挟んで海に面しているので「潮騒で眠れなかった」らしい。「旅路」も海に近いが高台にあるせいか波の音は気にならなかった。彼は打ち戻して今夜も「久百々」に泊まる。私も「安宿」まで打ち戻すつもりなので、一日同行することにする。

遍路道は舗装の県道であっても、盛り上がるような照葉樹林の中を行くので、極めて快適。O氏とは、ほぼスピードが同じなので、話しながらも快調に歩を進める。

「ここは沖縄のやんばる地域の樹相と似てませんか？」

「似てませんね、たぶん木の種類が違うのでしょう」

足摺岬は何といっても椿が有名だが、その他の常緑広葉樹林が生い茂っている。木漏れ日の下を歩く心地よさは何にも代えられない。高低差も少なく、長い遍路道の中でも、最上級の気分のよい道の一つだ。

三十八番に近づく。

ここまでの一三キロほどは思うようにスピードが出ていない。時速は四キロ以下だ。この間は札所がないので、参拝の時間ロスはゼロだから、ネットと見ていいスピード。民宿の女将さんと同行した一キロ強のゆっくり歩きが原因だろうか？

三十八番　金剛福寺《こんごうふくじ》　十時五十一分　八〇・七キロ

金剛福寺はとても立派な境内。大きな木が少ないので、空が広く明るいという印象。

金剛福寺の参拝を終え、O氏はご朱印をいただくために寺務所へ向う。私は、足摺岬の絵葉書でよく見る灯台を見下ろす展望台へ行き、彼を待つ。

ここで思いがけない人に再会する。

一週間まえに神峯寺のマッタテの下りで会った――おひとりで通し打ちをしている――女性だ。不思議なもので、永年の知人に会ったような思いがする。それにしても、その後二度、三度と腰痛に悩まされ、当初

足摺岬の灯台

計画より大幅に遅れているとはいえ、か弱い女性の足に追いつかれるとは——。

きっと私が怪訝な顔をしていたのだろう。

「高知市で足を痛めて、『歩き』をあきらめました」

彼女は笑いながら説明してくれる。

「せっかく来たのだから、鉄道とバスを利用しながらここまで」

この後もバスで回って行くつもり、とのこと。

ご朱印を貰ってO氏が帰ってきたので、彼女にO氏を紹介して別れる。もう二度と会うことはあるまい。一期一会とはよくいった。

　さてここから打ち戻して二六キロ以上歩かなければならない。

　少し早いが昼食をとることにする。

　O氏は遍路宿でおにぎりを作ってもらっていた。私は「旅路」の女将からお接待としてもらっていたバナナ二本と「小夏」をいただく。「小夏」は夏みかんの小ぶりなもので、夏みかんより酸味が少なく食べやすい新品種？の柑橘らしい。

足摺岬の断崖

四月十五日（日）晴れのち曇り ☀☁ 三十八番

十一時半、O氏といっしょに出発。

今日は腰の調子も良さそうなので、二人で切れ切れに現れる「歩き遍路道」を探し探し歩く。これまでスピードを重視し、ショートカットして舗装道路を歩くことも多かったが、やはり「歩き遍路道」――それも旧道――を辿るのが本来の姿だと痛感する。

ほぼ同じ道を往路は三時間四十六分、復路は二時間五十五分で踏破。午後二時二十五分、ザックを受け取るために「旅路」に立ち寄る。声をかけたが応答がなく、玄関に置いてあるザックを担いで歩きはじめる。

O氏とはここで別れる。

彼は「久百々」までだから、残りは七キロ弱のはず。

一期一会。

目的地の「安宿」まで一〇キロ程度だ。

午後三時まえなので、昨日断念した大岐海岸の砂浜を行く。

砂浜に降りて、柔らかな砂の感触を満喫しながら歩く。じつに心地よい。小さな流れが海に流れ込んでいる。雨天サンダルなら、そのままザブザブ渡れる浅い流れだが、ズックのスニーカーでは無理だ、やむなく靴を脱ぎ、裸足で渡る。これもまた気持ちがいい。

浜辺歩きを堪能して国道に戻り、一路「安宿」へ向かう。サーファーの集まる大岐海岸は民宿もそれらしく、名前も作りも遍路宿とはかなり違って今風のものが多い。

十六時三十五分、「安宿」到着。

今日も早仕舞い。

何をおいてもまず足の手入れ。

ところが靴下を脱ぎそこない、痛めていた右の拇の爪を剝がしてしまう。もともと歩いているときに両足ともに拇が靴先に詰まって、爪が内出血を起こし真っ黒になっていたものだ。早晩剝がれると予想していたし、内出血部分が固まっていたので、痛くはなかったが、塊の血が取れて新たな出血が始まる。

止血に手古摺っていたら、

「どうしました？」と「安宿」のご主人がやって来る。

「足にぴったりの靴は、四国では禁物です。通し打ちをした人が帰宅して、ふだん履いている靴が履けるようになったのは二ヵ月後だった、と聞いたことがあります。要するに長く歩いているうちに足がむくんで大きくなるんです、だから通常より一センチか一・五センチ大きい靴を履くとよろしい」

「そんな馬鹿な」と思ったが、私は通常の二五・五センチの靴を履いている。それで両足とも爪先をやられている。

相談したら「靴を変えるように」とはっきり言われる。しかし「下ノ加江に靴屋はない」とも。

「なら、靴の網上げの先端部分、二穴ぶん紐を抜きなさい。足首に近い部分で締めるようにすれば、爪先への負担は減ります」

「なるほど」

ついでに、いつもは革のウォーキングシューズを履いているのだが、重たいし、濡れたら乾きにくいので、今回はズックのスニーカーにした、雨天用にスポーツサンダルを用意したがあまり歩きやすくなかった、と言うと、

「サンダルはわからないが、濡れた靴は歩き終わったら古新聞を小さくちぎって、ギュウギュウに詰め込んでおく。寝る前にさらにもう一度、同じ手順で新聞紙を取り換えておけば、翌朝にはまず乾いています。ひどく濡れたら、もう一回変えれば完璧です」と指導してくれる。

食堂は土間のよう。

同宿の中年のお遍路さんたちと食事をともにしながら雑談をする。全員ひとり歩きで、おおよそは通し打ちの人だ。

その内の一人が「今日はえらい目にあった」とぼそぼそ話をはじめる。

彼はなんと遍路シールだけを頼りに歩いているとのこと。二、三日のつもりで、地図も磁石も懐中電灯も持っていない。ところが遍路シールを見落とし、道に迷い、引き返したつもりが、どこにいるのかそれすらもわからなくなった。陽が落ちてきて切羽詰ったときに運よくタクシーが通りかかり、ほうほうの体で辿りついた――と言う。

「明日は次の三十九番まで行って、その周辺で泊り、後はまた考える」

「それは無謀だ！」

私も含めて周囲のお遍路たちは口を揃えて中止を勧める。

「明日は山へ入りますよ。いくら四月中旬で四国が暖かいと言っても山中で夜を過ごすことになったら、命にかかわりますよ」

「いや、何とかなるでしょう」

勧告に従うそぶりも見せない。

この遍路宿は金剛福寺へ向かう人と、私のように金剛福寺を打ち戻して延光寺へ向かう人、さらには逆打ちで岩本寺を目指す人の交差する位置にある。いっしょに話している中で延光寺を目指すのは私ともう一人だったので、「われわれといっしょに行きましょう、」と暴走お遍路さんに声をかける。

夕方、夜食を購入するために外に出る。

さわさわと小雨が降りだしている。

明日の天気予報は雨。

金剛福寺を打ち終え、下ノ加江まで戻ったので、札所の数は三十八だが、距離的にはほぼ半分に達したことになる。

第十四日

歩行距離　三十六・二キロ
所要時間　九時間三十分
歩数合計　五万五一一一歩
平均時速　三・八キロ
平均歩幅　六六センチ

四月十六日（月）雨のち曇

今日は三〇キロ先にある延光寺を目指す。

そのうえで、できれば宿毛《すくも》まで行きたい。

昨日、同行することにしたお遍路さんと朝食を伴にする。二週間を過ぎて、初めて六時半から歩きはじめる。ところが、朝食までいっしょにいた、例の——何も持たずに歩いているお遍路さんの姿がない。しばらく待つが、現れないので二人で出発することにする。申しわけないことだが、時間が惜しいのと、昨日無謀と批判され、天候も雨模様なので彼が諦めたとも思えたので。

今日の同伴者は関西在住の人。

「安宿」のご主人は、真念庵経由がもっともポピュラーで距離的にもお勧め、二一号線経由は道が細く車が危険だから勧められないとのことであったが、五キロほどが打ち戻しになること、若干登りがきつそうということで、二一号線を辿ることにした。

しばらく下ノ加江川の左岸を遡上し、一キロほど上流で橋を渡り二一号線へ出る。二一号線は下ノ加江川の谷間を川筋に沿ってゆっくりと登っている。舗装された片側一車線の道で歩きやすい。途中から一車線になるが、ほとんど車が通らないので危険は感じない。二人で話しながら、いいスピードで歩く。雨はぽつぽつという感じ。雨具は着けずに歩く。

九時、一〇キロほどを二時間半で歩き、「芳井の休憩所」に入る。

ひと休み。

時速四キロ、歩幅六二センチ。まずは順調の部類か。

休憩所に入るや否や雨脚が強くなる。

気勢をそがれ、しばらく様子見。

温かいコーヒーのお接待を受ける。降られて体が冷えていたので身に染みる。休憩所のご亭主はなかなか愛想のいい方で、備え付けの箱にはインスタントラーメンまで入っている。ポットにお湯が常備され、亭主が不在でもどうぞ、という気配り。恐れ入って頭が上がらない。

ここからは上りが続きそうなので、雨具を着る。

時間の問題もあり、雨を突いて出発。

九十九折の道をひたすら登る。雨がしつこく降る中、三原村の中心部を通過、真念庵経由の道と合流して「清水川の遍路小屋」で昼食をとることにする。

宿でもらった「握り飯」と「たくあん」で済ます。比較的順調に進んでいる。予定どおり宿毛まで行くことにして、宿毛の「岡本旅館」に予約を入れる。

雨は降ったりやんだり。

すぐに歩きはじめ、緩やかな下りを順調に進む。中筋川（四万十川の支流のひとつ）のダム湖を渡り、宿毛市に入る。国道五六号線を左折、しばらく歩いて遍路道へ。

途中、当初計画で候補にしていた民宿「ひょうたん」を見かける。なんと閉鎖しているではないか。

保存協会の地図はよくできているが、個々には追い切れないのだろう。宿泊予定に入れる場合は営業継続の確認が必要、と肝に銘じる。

いっしょに歩いてきたお遍路さんは、延光寺の門前の民宿「嶋屋」に泊まる。荷物を置いてから参拝するとのこと。私はそのまま直行。

三十九番　延光寺《えんこうじ》　十四時三分　五〇・八キロ

参拝を済ませ山門を出たところで、同行していた御仁とすれ違う。「これから宿毛を目指します」と別れる。（一期一会）

来た道とは別の遍路道を辿り、五六号線へ出て一路、宿毛へ。

五六号をそのまま辿っても宿毛だが、あまり距離的に変わらないので枝道を追いながら、できうるかぎり「歩き遍路道」を行くことにする。

土佐くろしお鉄道の東宿毛の駅前から右折して旅館へ。少し道に迷ったが、電話で誘導してもらう。

午後三時五十五分、岡本旅館到着。

次の遍路宿までは予土国境の松尾峠を越えて一六キロあるので、今日も早仕舞いとする。ほぼ一日中降られて、ポンチョはびしょ濡れ。干す必要があるのだが、先着のお遍路さんが多く、干場が満杯、やむなく玄関に干させていただく。

不本意な早仕舞いなのに、もう一杯一杯の状態。やはり歩き遍路は早立ち、早仕舞いが鉄則なのだろうか。

若干足慣らしをしただけの新品のスニーカーが、わずか二週間でヘタっている。ソールが完全に摩耗し、弾力を失ったうえ、両足の拇が真っ黒になって剝がれるような事態だ。善は急げ。食事まえに靴を買いに出る。

宿の女将さんに訊いて出たのだが、なかなか見つからない。宿は宿毛の中心街からは若干離れているようだ。何度か同じ道を行き来して、ようやく地方都市らしい小ぶりなスポーツ用品店を発見する。「安宿」のご主人のアドバイスを容れて、二六センチないし二六・五センチのズックのスニーカーを求める。けれど、在庫は二五・五センチの次は二七センチまで飛んでしまう。仕方ない。今と同じ二五・五センチを購入。ヘタったヤツはスーパーで千九百八十円だった。今度のものはそれより良さそうだが、三千九百九十円、いずれ今後の道中で履きつぶしてしまうのだ。もっと安いのをとケチったが……。大きさについては、昨日伝授された靴紐作戦で調整することとする。

この日の夕食は人数も多くにぎやかだった。

ほぼ全員ビールである。じつに旨そう。

例によって、ここまでの経験談に花が咲き、明日の行程の情報交換をする。

私が十五日間歩いて、「ようやく明日は伊予に入れます」と話したら、みんなびっくりする。

「一番から一五日間でここまで来るのはすごい、考えられない」と褒められ、

「その歩き方は遍路の歩きではない」腐され、

「あなたとはいっしょに歩けない」とまで言われてしまう。

思えば、今日の泊りは当初予定からちょうど三日遅れである。九日に安芸市で泊まったときに一日遅れ、十四日の四万十川の東、黒潮町で泊まった日に丸二日の遅れ、そしてとうとう三日遅れとなった。腰痛で苦しんだのが主因だが、計画そのものが「基本的に無茶だった」と認めざるを得ない。

第十五日
　歩行距離　三五・一キロ
　所要時間　八時間二十五分
　歩数合計　五万四四六〇歩
　平均時速　四・二キロ

平均歩幅　六四センチ

菩提の道場へ

四月十七日（火）晴れ

いつもどおり五時起床。

干しておいた雨具を格納し、身支度をしてから食事をいただく。

七時出発予定だったが、昨日購入したスニーカーがやはりきつくて履けない。靴紐を全部抜いて足先の部分を締め付けないように紐を通し直した。そのために出発が七時二十分になってしまう。

そのせいで、昨日「あなたとはいっしょに歩けない」と言った関西在住のお遍路さんと連れだって出発することになる。今日は四十番参拝後、海岸へ出て愛南町内海《うちうみ》での宿泊を予定。その次の宿は二〇キロ先の宇和島市の旧津島地区までないから、間違いなく今日も早仕舞いになる。

標高三〇〇メートルの松尾峠を越えて、いよいよ伊予の国に入る。だが登り口がわかりにくい。少なくともそこまではいっしょに連れて行って貰おう、そう目論んでいたが、途中のコンビニで「買い物がある」と同行を回避されてしまう。それでも彼は何度か歩いているらしく、入り口までの道順を丁寧に教えてくれた。

「峠に『承平天慶の乱』の『藤原純友』の遺跡がある。遺跡そのものはたいしたことはないが、南宇和海が眼下に広がり絶景だ、お急ぎだろうが、少し寄り道になるだけだから立ち寄ったほうがいい」

と、アドバイスを呉れる。やはりいっしょには歩きたくないのだ。

お礼を言って先行する。

道は住宅地域を抜けて、正面の小高い丘に向かって行く。住宅地の路地のような道なので、教えてもらっていてもわかりにくい。遍路シールを探しつつ進み、住宅地域を抜けるとルートが見えて、すっきり歩けるようになる。

林間の小道。

新しい靴だが、下が土なのでしごく感触がいい。さほどの登りもなく快いウォーキングを楽しむ。

そういえば足摺の手前で強烈な腰痛に見舞われて以来、丸二日、腰に違和感が出ていない。昨日の雨で多少ぬかるんでいるが、誰一人歩いていない道を、周囲を眺めながら、いいスピードで進む。

四キロくらい進んだ辺りから、徐々に登りがきつくなる。

この道は宇和島から宿毛へ抜ける江戸時代からの歴史が刻まれた「旧宿毛街道」。急坂だが、手入れはきっちりとできている。松並木も残され、場所によっては石畳も残る。案内板によると、先の戦争中に航空機燃料にする松根油を採取するために大量に伐採されたとある。必死の思いはわかるが、歴史的な遺産を伐採するとは……。

急坂を喘ぎながらも突破。九時十一分。距離は不明だが、二時間足らずで一万歩。八キロはないので、時速は四キロを切っている。

南宇和海の絶景を楽しむ

峠には国境《くにざかい》の標柱が建っている。祠もある。

左手、純友の砦への案内板。片道三十分ほどとの表示。今日は早仕舞い、せっかくだから立ち寄ることにする。

疎林の中を進む。人があまり歩いていないらしく、落ち葉が積もっていて道がわかりにくい。目印がはっきりしない。帰り道の風景を記憶にとどめるため、ときどき振り返りながら、林の中をしばらくアップダウンする。二十分ほどで材木で組み立てられた展望台にひょっこり出る。

純友の砦の遺構があるわけではなく、純友が本拠とした日《ひ》振《ぶり》島を追われたとき、家族を隠していたとの「伝承」に基づくもののようだ。「天慶の乱」自体、十世紀の中ごろの事件である。真相は明確ではなく遺構もあてにはならない。それでもこの展望台からの景色は絶景だった。天気がよいので、海の青が美しい。宿毛湾になるのだろうか。はるかに島がいくつか霞んで見える。息を入れながら、しばらく眺望を楽しむ。

もとの街道筋に戻るのは、予想どおりやや難渋する。目印をしっかり記憶しておいてよかった。しばらく歩いたところで、件のお遍路さんがやはり展望台を目指して来るのに出会う。

「景色はとってもよかったです」とお礼。

「やはりすごいスピードですね」これは褒められたか、呆れられたのか。

分岐へ戻り、伊予の国へ足を踏み入れる。

これで、長く苦しかった「修行の道場」を卒業したことになる。

峠は土佐側より伊予側の方が、斜面が緩やかで道幅も広く、歩きやすい。順調に下って番外霊場の「松尾大師」に参拝したところで、県道二九九号線を取るところを国道五六号線に入ってしまう。この道は「くるま遍路道」、「歩き遍路道」より若干距離が短い。戻るのはつらいので、そのまま前進。蓮乗寺トンネルを抜けて行く。

四十番　観自在寺《かんじざいじ》　十二時三十七分　二五・八キロ

境内に入って、アレッと思う。

平日の昼下がり、お遍路さんが一人もいない。

全行程半分を経過して、一番から歩いてきた人たちがだんだんとリタイヤしてしまったのか、それとも単なる偶然か、逆打ちのお遍路さんがまだここまで到着していないことも考えられる。

まあ、どうでもいいことだが。時間外だった札所を除いては、はじめてのことだ。

型どおり参拝を済ませ、昨日購入しておいた小型アンパン四個の昼食。食べながら一〇キロほど先の、内海地区の「旭屋」に予約を入れる。

観自在寺

五六号線を歩く。

途中でいわゆる「セルフのうどん屋」を発見。アンパンだけではかわいそうだ。小躍りして我が胃袋に「天ざるうどん」を奢る。

先行きの目途が立っているので多少ゆとりがある。海岸沿いを進み、目指す「旭屋」はすぐに目に入る。十五時四十五分。

早仕舞いが三日も続くのは、計画消化には大変きつい。明日の負担を少しでも軽減するために、チェックインして、ザックを放り出し、前進する。

道は大きく二つに分かれる。

「歩き遍路道」は、目の前の標高五〇〇メートルの大きな山塊を越え、宇和島市の旧津島町へショートカットする約九キロのコース。

当然こちらを取るべきだが、午後四時から山越え九キロは自信がない。しかも地図によると、エスケープ——いざというときの逃げ道——が不可能と思われる。つまり踏み入れたら最後まで歩き切らなければならない。得意？のタクシーを呼ぼうにも山道では車が来られない。この数日はないものの、万一腰痛が発生したら、野宿を覚悟しなければならない。その準備もしていないので、これは論外。

いま一つは、このまま国道五六号線を辿り、海岸線を進み、旧津島町の域内で、「歩き遍路道」に合流する道。距離的には約三キロ長いが、国道沿いだけに行けるところまで行って、タクシーで「旭屋」まで戻る手がある。明朝、タクシーでその地点まで運んでもらえば、歩きは継続できる。

こう考えて、頭陀袋も持たずウエストポーチだけで出発する。内海トンネルを抜け「須の川海岸」を眺めながら快適に進む。空身で舗装道路の平坦な道なら、やはり五キロは一時間足らず、歩幅も七〇センチを軽く越える。鳥越トンネルの先の分岐まで行ってタクシーで戻る。

宇和海の眺め

これで五キロほど明日の行程を先取りしたことになる。

第十六日

歩行距離　三六・一キロ
所要時間　九時間四十分
歩数合計　五万三二四一歩
平均時速　三・七キロ
平均歩幅　六八センチ

四月十八日（水）　晴れのち曇り

今日は何が何でもの目標がある。

宇和島の中心街を通過して、四十一番と四十二番を打ち終えて「歯長峠《はなが》」を越える。

ここでもとんでもない失敗をやらかしているのだが、私はまったく気がついていない。

七時まえにタクシーで「鳥越トンネル」へ。

昨日から気になっていたのだが、左手の沖合はるかに山影が見える。宇和海には陸に近い場所にはいくつもの島があるが、豊後水道には島はないはず。もしやと思ってタクシーの運転手さんに訊いたら、やはり「九州だ」と教えられる。

七時五分。昨日の終了地点から歩きはじめる。

四一番は三五キロ先。

海岸沿いを三キロほど歩いたら、やにわに登りにかかる。山越えをしてきた遍路道に合流する地点は、当然ながら高いところになる。

国道沿いに上る途中で大きなザックを背負ったお遍路さんに追いつく。

野宿の歩き遍路は若い人が多く、私のような暇人ではないから区切り打ちの人が多いのだが、この人は通し打ちを野宿でやっている。何日かに一度遍路宿に泊まり、洗濯をし、休養をとるという。ザックは二〇キロ以上あるとのこと。登りだけに一歩一歩刻んで歩いている感じだ。

しばらく話しながら同行したが、彼の小休止を機に、分かれて先行する。小さなトンネルを抜けてさらに進んだところで、山越えしてきた遍路道と合流。国道ともつれ合うように川沿いに北上、「津島大橋」を渡り、宇和島市役所津島支所前のバス停で小休止する。

九時二十四分。

約一〇キロを二時間二十分で来る。歩幅は七一センチとまずまずだが、相変わらず時速は四・三キロほど。歯がゆいが、現実を受け入れざるを得ない。このあと遍路道は標高二二〇メートルの「松尾トンネル」へ登るが、今日は標高四八〇メートルの歯長峠を越えなければならない。体力温存のために国道五六号線を歩き、登りの少ない新松尾トンネル（約一・七キロ）を通るルートを採用する。

トンネルの中は明るくしっかりした歩道が整備されている。歩きやすい。それでも入り口には、反射板のついたベストが用意されていて着用するよう注意書きがある。出口で脱いで収納場所に戻す仕組み。国道のトンネルはまず不安なく通れるが、車の通過音は相当に耳障りだ。

二十分くらいかけて抜ける。

前方はるかに宇和島市街が見えてくる。

右手から山越えをしてきた遍路道が合流してきて、なだらかに下りながら中心部へ近づく。

合流点から三、四キロ先で分岐を右にとり五六号線と別れ、番外霊場馬目木《まめき》大師を目指す。私はスピードにこだわった遍路を目指し、八十八ヵ所札所以外の番外霊場、奥之院はほとんど黙殺し、通り過ぎてきた。しかし遍路道に隣接するこれらの施設はさすがに無視できない。馬目木大師にこれまでのように立礼合掌をして、細い遍路道に入る。

遍路シールを頼りに歩く。

宇和島城は左手にあるが、いわゆる城下町という雰囲気ではない。ふつうの町屋のような通りで、道を探しながらウロウロ歩く。

私の愛読書である司馬遼太郎の『街道を行く』第十四巻「南伊予・西土佐の道」に、宇和島が詳しく記述されている。なかでも関心があったのは神田川原《じんでんがわら》の武家屋敷街。幕末の四賢侯の一人伊達宗城が、村田蔵六（大村益次郎）にオランダ語を学んでいたシーボルトの娘イネに興味（女性としてのそれか否かは不明）を寄せてよく通ってきたという場所だ。その風情を求めて、キョロキョロして見たが、横道に入り込むほどのゆとりはなかった。

遍路道は宇和島城の南の角で、ふたたび五六号線と合流する。

さて昼飯だ。合流直前にアーケード街がある。適当に定食屋に入る。

十二時十二分。約二三キロ。五時間。三万九千歩。時速四・三キロ。歩幅六〇センチ。

このところ、昼食は「握り飯」だったり「アンパン」だったり、ごく軽めだった。今日は先が長く、しかも山道が続く。しっかりしたものをと、「野菜炒め定食」に「ラーメン」を注文、ってもいる。

たっぷり栄養補給する。酒は二週間以上飲んでいない。不思議なことに飲みたいと感じなくなってもいる。

今日は行けるところまで歩くつもりなので、まだ泊る宿を決めていない
地図によれば一五キロほど先の四十一番付近に民宿「とうべや」が、歯長峠の先二キロ辺りに「民宿兵頭」、さらに三キロで民宿「みやこ」がある。どうやらこの三ヵ所が対象になりそうだ。峠越えだが、なんとか行けるだろう。一番遠い民宿「みやこ」を選択、予約を入れる。

注文した品が出てくる。じつに旨そうだ。だが、野菜炒めをひと口噛んで、「しまった」と気づいた。今朝「旭屋」で洗面したとき、部分入れ歯を置き忘れたのだ。ともかく電話だ。「ありますよ」という返事。二〇キロも来ているので戻るわけにもいかない。明日以降の宿泊先は決まっていないので、送ってもらうこともできない。やむなく、着払いで自宅に送ってもらう。

ボケを絵に描いたような失敗である。

部分入れ歯なしの計二十八分間の食事はやはり「早食い」のうちか。

十二時四十分には出発。

宇和島城は藤堂高虎が縄張りをした城で、小ぶりながら立派な城。それを左に見ながら五六号線を宇和島駅方面へ進む。

宇和島市は人口八万人程度の地方都市だが、中心部は城を中心に、きれいで小ざっぱりしている。昼間だったせいか、各地で問題となっている「シャッター通り」も見当たらず、南予の

中心としての機能が生かされているようだ。ここまで六〇〇キロ歩いてきて、徳島、高知を通過し、いま愛媛と三県目に入ったが、県庁所在地の徳島、高知両市を除けば、お世辞にも近代的とはいえない市街地ばかりだった。これは無残な印象として記憶に強烈に残っている。

駅前を通り過ぎて、久しぶりにＪＲの踏切（予讃線）を渡る。ここから遍路道は線路沿いに四十一番に向かって登って行く。

北宇和島駅の先で、線路はＪＲ予土線が東へ分岐している。予土線は全線開通が昭和四十九年、国鉄時代の最終局面に完成した宇和島と高知県の四万十町若井を結んでいる路線。高松の小学校時代、四国の鉄道は、愛媛と高知との間がつながっていないと学んだ。その記憶がよみがえって妙に懐かしい。遍路道はその予土線沿いの県道五七号線を龍光寺へ向けて登っている。残り一〇キロは急ではないが、ずっと登りが続く。結構しんどい。

四十一番　龍光寺《りゅうこうじ》　十四時五十二分　五〇・二キロ

神仏混淆を地で行くような造りの寺院。

どうやら創建の時から混淆されていたらしい。明治維新の直後の神仏分離令で、本堂と本殿が分けられたとのこと。入り口が鳥居というのもなんか変な感じだ。

四十二番　佛木寺《ぶつもくじ》　十五時四十二分　二・四キロ

もう午後四時に近い。

今日の目的地が気がかりだったのか、寺院の記憶がほとんど残っていない。手順どおり参拝を済ませて、早々に出発したのだろう。

天気が怪しくなってくる。

宿泊予定の民宿「みやこ」は、三〇〇メートル近い標高差の「歯長峠」を越え、八キロ行かねばならない。急がなくては日が暮れる。

そこへ「みやこ」のご主人から電話。

「いま、どこにいますか？」とまたもやの質問。

「佛木寺を打ち終わったところです」

「なら」と懇切丁寧な説明がはじまる。

「県道三一号線はえらく遠回りになります。かならず『歩き遍路道』を辿ってください」

「二、三キロで三一号線に合流したら、それを登ってください、きつい坂ですが距離的には相当短縮できます」

「三一号線を登りつめるとトンネルがあります。途中『歩き遍路道』の峠越えの道がありますが、それに入らないで。整備はされていますがくさり場があって、時間がかかりますから。かならずトンネルを通ってくるように」

「トンネルを抜けると『歩き遍路道』が左へ分岐します。それを下ってきてください、下りきった三一号線との合流点に休憩所のような場所があります、そこまで車で迎えに行きます」

まことに至れり尽くせりのガイドである。

四時を過ぎているので、ともかく「歩き遍路道」を登る。

松尾峠以来の本格的な登りにかなり喘ぐ。トンネルまでの標高差二〇〇メートル余をどうにかクリア。約四〇〇メートルの歯長隧道を通り抜ける。

中央分離帯がなく、両側に路側帯があるだけのトンネルだ。右側の壁にへばりつくように歩く。最近まで地方の主要道路だったようだが、松山自動車道が開通して通行量が減ったのだろう、距離も短く、遠く前方に出口がみえるので危ない感じはしない。トンネルの出口で、「歩き遍路道」へ入る。

ここで宇和島市とお別れ、西予市になる。肘川への急勾配の下り、下が湿っていて滑りやすく難渋する。杖を頼りに、坂道を文字通り転がるように下る。陽が長くなって、深い谷間なのに午後五時を過ぎても明るい。佛木寺を出てから遍路はおろか歩行者にも出会っていない。こんなところで何かあったらと、心細い限りだがそんなことも言っていられない。下りきると民宿「みやこ」のご主人が車で待っていてくれる。

午後五時二十八分。やれやれ。

「みやこ」は、三一号線の路傍に建つ食堂兼民宿といったところ。

ご主人のよもやま話を聞きながら食事をする。

窓の下を肘川が流れている。

「この川はどっちへ流れているかわかりますか？」

ご主人が質問する。山から下りてきて流れに沿って車で走ってきたのだ。当然、私はこれから進む方向を指さした。

「ふつうはそう思います。でも、じつは逆なんです」

ご主人はにっこりする。期待どおりの私の答えだったのだろう。肘川は非常に屈折の多い川で、車で拾ってもらった場所の方が下流になるのだそうだ。

帰宅して、ネットで調べたところ、全長一〇八キロの川なのに源流と河口との直線距離はたった一八キロしかない特異な川、と説明があった。

第十七日
歩行距離　四〇・八キロ
所要時間　十時間二十一分
歩数合計　六万六〇五歩
平均時速　三・九キロ
平均歩幅　六七センチ

四月十九日（木）曇りのち雨

今日はこの旅で最長距離になるかもしれないと、覚悟を決める。

次の明石寺までは大した距離ではないが、その次の大寶寺までは六八キロと三番目の区間距離が待っている。とうぜん途中で泊まるのだが、大洲市では近すぎるし、それを過ぎると四〇キロ先まで泊まれない。加えていまにも降りだしそうな空模様。

ともかく早立ち。

ご主人に昨日の場所まで車で送ってもらい、六時五十三分にスタート。ザックは宿に預けてある。ウエストポーチだけで歩く。三十二分で「みやこ」に到着、ザックを背負い直し、県道二九号線沿いに四十三番を目指す。国道から右へ別れて遍路道を登る。

四十三番　明石寺《めいせきじ》　八時十一分　一〇・六キロ

山道を登ってきたあとに、山門からの長い階段は堪える。まったくもって遍路泣かせである。グズグズ文句はいっていられない。参拝を終えてすぐに出発。

天気が悪いせいか、人に出会わない。

慌てて下ったために、ショートカットの道を見逃して、卯之町へ出てしまう。だが、これが怪我の功名。もともとここは歩きたい町のひとつだった。司馬遼太郎の「南伊予・西土佐の道」にこう紹介されている。シーボルトの弟子であった幕末の蘭方医二宮敬作がシーボルト事件に連座したとされ、江戸構え、長崎払いの刑を受ける。そこで敬作は伊予に戻り、町医を開業。国外追放となったシーボルトに託された娘イネを養育した——と。

ゆっくりと見物しながら歩く。

古い街並みが続き、小さいながらも何やらゆかしい。

卯之町を抜けてまた五六号線と合流。離れたりくっ付いたりしながら一路北上し、標高四七〇メートルの鳥坂峠へ向かって登って行く。

卯之町で生じたロスを回復しなければならない。鳥坂峠を回避し、五六号線の「鳥坂トンネル」を抜けることにする。ざっと一キロの片側一車線だが、立派な歩道付きのトンネルである。当然アップダウンはあるが、傾斜も緩やかでスピードは出る。

トンネルを抜けて、松山自動車道を眺めつつ五六号線をたんたんと下る。国道一九七号線と四四一号線が分岐する辺りに、松山自動車道のインターチェンジ。道が複雑に交差し混乱するが、なんとか見当をつけ、大洲市街地へ向かう。

曇り空だが、暖かく気分よく歩く。

久しぶりにお遍路さんの姿を見かけた。

ゆっくりと間を詰める。

背に筒を斜めに背負っていらっしゃる。

当方、道筋が心もとなかったので、お話ししながら進む。

「その筒は何ですか？」

「ご朱印を掛け軸にするため準備したものです。これまで順番にいただいてきました」

「なるほど」

道はたぶん間違っていない、とのこと。とても穏やかな歩きをするかたで、あまりにスピードが違い、失礼して先行する。

肘川沿いに歩いていると前方に冨士山《とみすやま》が見えてくる。さらに進むと、臥竜山荘の不老庵が対岸の水面に建っている。この山荘には、四月一日に同期会で訪れている。生きたままの槇の幹が柱として使われている。明治以後のものだが、いまこれを造るには材料と職人を集めるだけで、とてつもない費用がかかろうという有名な数寄屋造りだ。不老庵にいるときは実感できなかったが、床が川面に突き出している様が良くわかる。

「肘川橋」を渡り、橋のたもとで昼食をとる。

今日の泊りは、食事なしの可能性大である。栄養をつけておこう。ウナギを食う。十二時四十分。「うな丼」千二百円、安い。関東のウナギとは焼き方が違うが、これはこれで香ばしくおいしい。

ここまで一五キロを六時間弱かけている。若干遠回りをしたのと、卯之町を見物しながら歩いたせいだろう。

そろそろ今日の泊りを決めなくてはならない。

一二キロ先の内子《うちこ》には宿泊所が三ヵ所ある。その先五キロに、「お遍路無料宿」がある。西川氏の本によれば、「ここはあまりお勧めでない」との評価である。うむ、と四キロを追加して「大瀬の館」まで行くことにする。

「大瀬の館」は町営の施設のよう。宿泊のみとなっている。電話をかけたら「OK」との返事。あとで知ったことだが、ここは一組しか泊めない宿で、「ツイテいた」というしかない。

十三時十分出発。

雷が鳴る。

だが降りは弱く、足元も舗装道路なのでポンチョだけを着る。

JR予讃線の伊予大洲駅を左に見ながら五六号線を北上。

番外霊場　十夜ケ橋《とよがはし》　永徳寺を通過。

弘法大師がここを通ったとき、宿を貸す家がなかった。やむなく橋の下で仮眠をしたが、寒くて一日が十日に思えた。そこでこの名がついたそうな。それ以降、橋を通るとき、遍路は杖をつかない慣習になった。確かにモノの本には「お大師様の眠りを妨げてはならない。橋をわたるときは、杖は突かない。それが作法」と記されている。

私は平地では杖を突かない。だから苦にはならないが、この手の話にはいささか異論がある。お大師様は私と歩いているではないか（同行二人）、なら、橋の下で寝ているはずがない。こうした大師伝説については、いずれ書くことになるだろう。だがいまは、橋の上でくだらぬことを考えているヒマはない。残り二〇キロ近く歩かなければならないのだ。

遍路道は五六号線ともつれあいながら予讃線に沿って進む。ＪＲ予讃線が「五十崎《いかざき》駅」の先でトンネルに入るところで、国道から大きく離れる「歩き遍路道」を辿り、内子駅に達する。

雨が強くなる。

必死に歩く。

線路を渡って中心街に入る。

お、卯之町にも劣らない古い街並みが保存されているではないか。天気は最悪だが、素晴らしいウォーキングを楽しむ。

中心街を抜けたところが国道五六号線との分岐点。

目の前には「松山自動車道」の橋脚がそそり立つ。その下に道の駅がある。十六時二十分、ここまで一四キロを三時間十分。それなりに順調に進んでいる。一息入れて、道の駅案内所で確認したら、

「大瀬の館まで、未だ一〇キロくらいある」

「しかもずっと登り道です」

おもわず絶句。

それでは到着は午後七時近くになってしまう。

「大瀬の館」は素泊まりである。今晩の夕食と明日の朝食を準備しなければならない。この先コンビニはなさそうだ。「助六寿司」を買い「パン」「菓子」ドリンク等をみつくろいザックに突っ込む。

雨は降りつづく。

五六号線とは長い付き合いだったが、ここで別れる。二級国道三七九号線をとり、緩やかな登り道を黙々と歩く。陽は長くなっているが、それでも——この空模様では——六時を過ぎたら暗くなるだろう。懐中電灯の細い灯りでは心細い。

雨がますます強くなる。

道端の建物の軒先を借りてオーバーズボンを着ける。

これから先は歩数を数えつつ歩く。

単調な登りに変化をつけるのと、稼いだ距離を把握するためだ。これは有効な意識づけとなる。

「一〇〇〇歩」歩いて「六〇〇メートル」(歩幅六〇センチ)。それで目的地に六〇〇メートル近づく。歩かなければ絶対に目的地には着けないのだ!——念じながら、一歩一歩足を前に運ぶ。

結局、数えた歩数は一万歩を越える。

谷あいの道をひたすら歩き、途中長岡山トンネルを潜る。出口左手に見えるのは「お遍路無料宿」ではないか。

後学のために中をのぞく。

これならじゅうぶんに一泊させてもらえる。無理をしてさらに先を急ぐ必要もなかった。ただ、周囲にほとんど人家がない。電灯がつくかとかどうかもわからない。けれどきちんと片づけられている。地元の方々の誠意と努力がしのばれる。万一のときにこれほど有難い宿はなかろう。ただただ頭を下げるのみ。

残り四キロ強。

緩やかな勾配を歩き続ける。大瀬の集落に入ったところで、遍路道を左折して橋を渡り、ようやく「大瀬自然センター」に到着。「大瀬の館」はこのセンターに併設されている。十八時五分。予想より早い到着。

だが入り口は閉まっている。

人の気配もない。雨は小降りになったとはいえ、間断なく降りしきっている。

地図に載っている電話番号に電話をする。

「あー、着きましたか。お疲れさま」と明るい返事。

「ちょっと待っててください。今行きますから」

しばらく待つうちに、担当のかたが来てくれる。

「雨が降って大変だったでしょう」と、ねぎらってくれながら、鍵を開けて中に入れてくれる。

ときたま私みたいな——不届きな——延着遍路がいるらしく、慣れた手順で手続きをしてくれる。センター勤務時間中は担当者がいるのだろうが、時間外になると近所の方が手続きを代行してくれるようす。

素泊まりの代金は前払い。「朝は好きなときに出発してください」と言われる。

今日はこの旅いちばんの長距離を歩いた。これで全行程の三分の二近くを踏破した。この強行軍は、今後の日程に好影響をもたらすだろう。今後二、三日は降ったり止んだりが予想されるが、明日の登りを乗り切れば、当面ひと安心だ。

びしょ濡れなので、まずは雨具の片づけから取り掛かる。ポンチョは土間のテーブルの上に広げて乾かす。オーバーズボンはベンチに懸ける。問題はすっかり濡れそぼったスニーカー、明日またこいつを履かねばならない。

さっそく、下ノ加江の「安宿」のご主人のアドバイスを実行。見ると、受付の前に新聞紙が山のように積まれている。そうか。ご主人のアドバイスは遍路にとって常識中の常識なのだ。

「使用した新聞紙はそのままにしておいていいですから」

手続きをしてくれたかたの言葉からも、それが知れる。

小さめに千切り、丁寧に靴の中に押し込めばいいのだ。食後と就寝の前と二度取り替えることにする。朝には完全に乾いていた。その代り、丸めた新聞紙の山が二山できた。

片づけを済ませて、二階へ上がる。

午後七時を過ぎている。テレビを見ながら持参の食事を済ませる。冷えてきたので風呂を沸かし、温まってから寝る。ここで私はまた大失敗をやらかした。湯船からお湯を抜くのを失念してしまったのだ。

この宿泊施設は、変わっている。

建物は旧喜多郡大瀬村役場だったものである。だから施設は広くて立派。一階は土間があり事務所になっている。二階が宿泊施設で、団体なら二十名まで対応できる。ただし、今夜は私一人。他の宿泊者は受け入れない。理由は「部屋ごとにセキュリティが付いていない」ため(?)。じつにもったいない。お風呂も素晴らしいし、調理もできるようになっている。備え付けのノートに残された宿泊者の感想を読んだが、好評であることがうかがえる。運営は地元ボランティア。因みに「大瀬」はノーベル文学賞の大江健三郎の出身地である。

今夜はこの広い建物に自分一人しか寝ていない。それを考えたら、寂しいどころか、急に怖くなった。それでも、さすがに四八キロも歩いたのでしばらくしたら眠りに落ち込んでいたが。

第十八日
歩行距離　四八・四キロ
所要時間　十一時間十二分

歩数合計　六万五三七八歩
平均時速　四・三キロ
平均歩幅　七四センチ

4/18から4/21のメモを綴った手帳

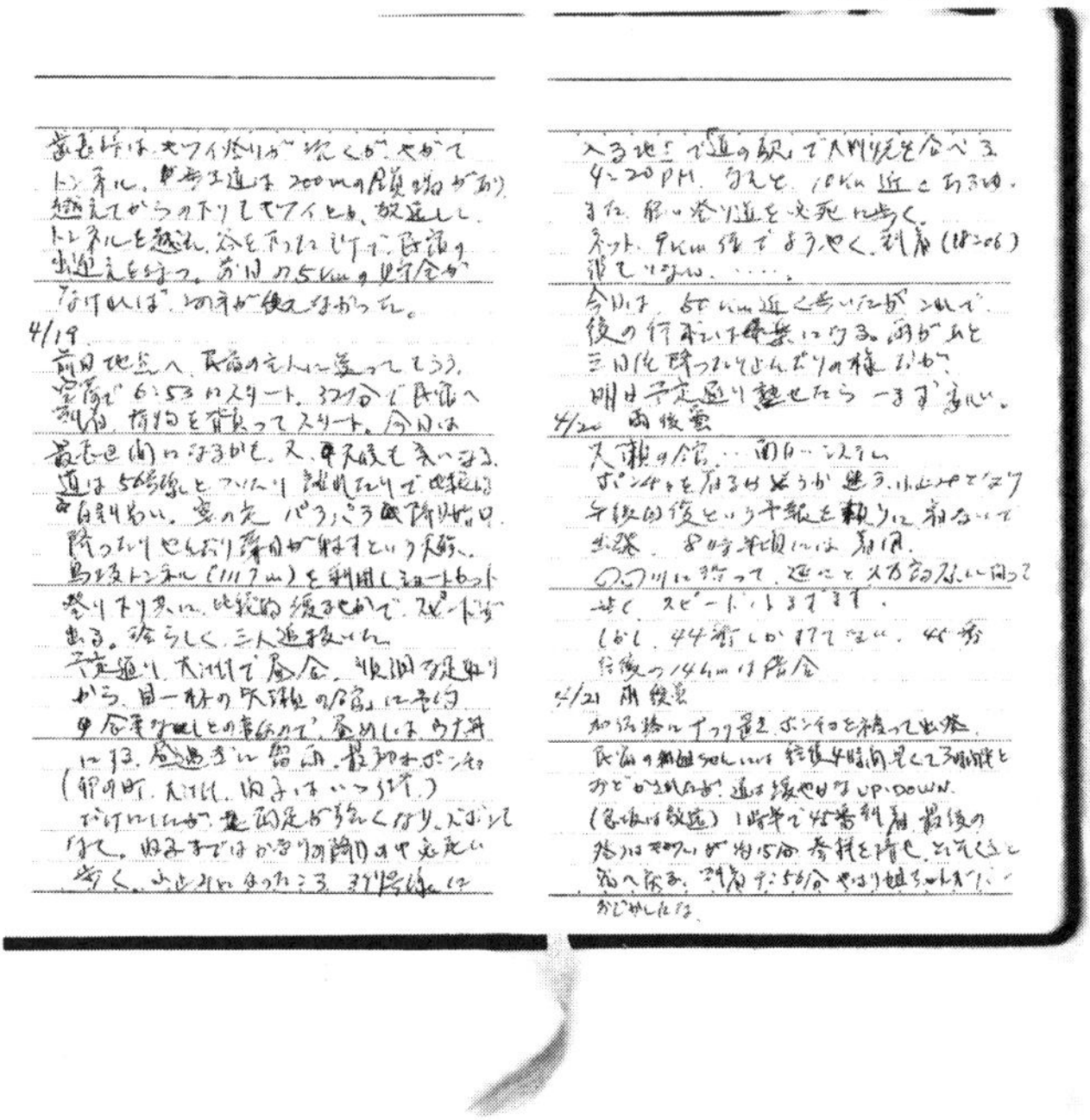

四月二十日（金）雨のち曇り

朝の五時起床は完全に身についた。

腰痛はまったくでない。十八日間の歩きで腰も慣れてきたのだろう。のど元過ぎれば、あれは一体何だったの？である。

今日は、いよいよ「久万《くま》高原」に登る。次は四十四番。距離的には約三分の二、札所としてはちょうど半分に達することになる。

ただし今日は一日中登り。標高七九〇メートルの鴇田《ひわた》峠か、六五〇メートルの農祖《のうそ》峠のどちらかを越えなければならない。距離的には鴇田が二キロほど短い。だが高低差は大きい。

昨日かなり雨が降った。いずれにせよ、ぬかるんだ峠道はしんどそうだ。遍路宿に泊まっていれば正確な情報が得られたろうが、昨夜はひとり寝で手掛かりがない。距離は長いが途中トンネルがあり「低いぶん歩きやすかろう」と、新真弓トンネル、農祖峠越えを選択する。

四十四番と四十五番どちらを先にするか？　これも考えどころ。

四十五番は行って戻る典型的な打ち戻しの位置にある。順番どおりでもいいが、人によっては先に四十五番を打って、四十四番へ向かうひともいるくらいだ。思案するが、選択は「調子しだいということ」にする。

霧雨が降っている。乾かした雨具を濡らすのが惜しい。「回復傾向」にあるという天気予報をあてに、雨具を着けずに出発。（七時五分）

三七九号線を辿り、緩やかな登りを小田川沿いに進む。

八時三十分、鴇田峠道との分岐点「突合《つきあわせ》」に到着。

雨は間断なく降っている。ザックが湿るので、遍路小屋で雨具を装着。三八〇号線に入り、徐々に高度を上げて行く。舗装されているのでスピードはともかく、歩きやすい。

「お遍路さん！」

途中で、久しぶりに呼び止められる。

「これ持ってって」

いただいたのは立派なオレンジ五個である。思わず「ワッ！」と声を出してしまった。有難いが、大きなオレンジ五個は頭陀袋に収容できない。こっちの戸惑いに気づいたのだろう。

「いいから、手にもって齧りながら歩いて」と、手渡される。

仰せのとおり、両手にもって皮を引きちぎりながら頬張って歩く。美味しい。なにしろ捥ぎたてである。たちまち二個たいらげて、あとは頭陀袋で運ぶ。

雨の中、舗装道路を黙々と歩く。人はまったく見当たらない。

かなり登ったところに「三島神社」がある。山中にしては立派な社だ。

大きく蛇行する国道をショートカットして、一気に直登する。ほどなく「新真弓トンネル」入口へ。十一時二十分、真弓の休憩所で昼食を摂ることにする。「助六寿司」と「お稲荷さん」

トンネルを抜け、しばらく下る。

分水嶺を越えたので川が逆方向に流れている。

予報どおり雨が上がり、陽射しは望めないが、雲が切れてくる。

やや開けた谷間を下り左折して「農祖峠道」へ入る。緩やかな登りがつづく。峠道はおもったとおりぬかるんで歩きにくい。峠を越えたところで十二時を過ぎる。

そろそろ今夜の宿だ。

四十四番と四十五番の間に、遍路宿は二軒しかない。「古岩屋荘《こいわやそう》」と「和佐路《わさじ》」である。

どちらを先に打つかが思案のしどころ。距離的には明らかに四十五番から四十四番の逆打ちが近い。が、果たして四十五番を打ってから「古岩屋荘」までたどり着けるかの判断が必要。

さらに、このコースには途中落石の可能性があるとの注意書きがある。このところ天候が悪かったので危ういかも。

順番どおり四十四番から四十五番打ち戻しを選択。その遍路道にある「和佐路」に予約を入れる。

峠を越え、林の中のわかりにくい道を一気に下る。四十四番と四十五番の分岐点に出る。まだ時間は午後二時過ぎなので、四十四番を先に打って、余裕があれば四十五番を往復することにする。

国道三三号線へ出て左折、旧道を通って大寶寺を目指す。

久万高原町の中心街を抜け右折して、かなり登って、ようやく到着。

四十四番　大寶寺《だいほうじ》　十四時五十九分　六七・二キロ

大きな伽藍、一山の林も立派なものだ。

参拝を終えて、境内を回り込むようにして四十五番へ向かう。杉木立の中の整備された道をたんたんと下る。途中でうしろから、五十歳前後のお遍路さんが追いついてくる。

私が選ばなかった「鴇田峠」を越えてきたという。

「峠道はどうでしたか？」

「整備されていて、ぬかるんでいませんでしたよ」

ほとんど下りだが、このお遍路さんの足は並みの速さではない。ついて行くのが苦しいので先行してもらう。県道一二号線に出ると、彼の背中が少しずつ離れて行く。悔しいがスピードに差がありすぎる。彼の泊りは「古岩屋荘」だそうな。

今夜の泊り「和佐路」が見えてくる。

十六時五分到着。早い。

チェックインしながら、宿の女将さんに尋ねた。

「これから岩屋寺を往復すると、空身でどれくらいかかりますか？」

「早い人で三時間半です」

そうか。そのまま歩けば、さっきのお遍路さんと同じ「古岩屋荘」まで足を延ばすことができたのだ。舌打ちすれどあとの祭り。

今日は選択ミスを二つ。峠と、宿泊場所と。

第十九日

歩行距離　二八・八キロ
所要時間　九時間
歩数合計　四万六九六二歩
平均時速　三・二キロ
平均歩幅　六一センチ

四月二十一日（土）雨のち曇り

今日はまず打ち戻しである。

七時、空身で出発。

県道一二号線を緩やかに登る。片側一車線のいい道だ。

ゴルフ場を過ぎた辺りから、「歩き遍路道」へ。小さな高みを越えて下ったところに「古岩屋荘」がある。コンクリート造りの大きな建物。たった一時間でこの民宿に到着できたのだ。阿波路の失敗——無理をして迷惑をかけた——に懲りて「膾を吹いた」失敗である。

ここで一二号線に合流。さらに進むと駐車場があり、バス遍路の人たちがどっと降りてくる。

ぞろぞろ右手の坂道を登って行く。かなり大勢である。

「そうか、今日は土曜日だ」

行列の最後について登りはじめたが、たちまち団体さんの牛歩に耐えられなくなる。

ここは、バス遍路の中でもバスを降りてから歩く距離がいちばん長い札所だそうだ。どおりでコーナーごとにみんなひと息入れている。階段は多いし、急だからしかたあるまい。同情しながら、私は本堂まで彼らを追い越しつづける。

四十五番　岩屋寺《いわやじ》　八時二十六分　八・四キロ。

本堂、大師堂は岸壁の中段に架けたように建っている。

山岳霊場に相応しい佇まいだ。

今日は出来れば松山市まで足を延ばしたい。あまりゆっくりもしていられない。大混雑の中、手順通り参拝を済ませ下山。

ふたたび長い階段を下り、一二号線を来た道を取って返す。

同じ道を一時間半、九時五十六分「和佐路」に戻る。

「あら、早かったね」

ザックを受け取り、女将さんの声に送られてそそくさと出発。

「峠御堂《とうげみどう》トンネル」を抜けて、国道三三号線へ右折。一路「三坂峠」を目指す。標高七一〇メートルのこの峠を越せば、松山市域に入るのだ。

雨は細かいながら降りしきっている。峠の標高差は二〇〇メートル程度、さほどきつくはない。

それでも五パーセントの登りが五キロつづくと息は切れる。

途中で、「太巻き」と「お稲荷さん」と「饅頭」をゲット。峠の手前一キロほどにある休憩所で昼にする。十二時十四分。

屋根だけの、吹きさらしの休憩所で、風が強く、ばたつくポンチョを押さえながら食べる。四月下旬にしては気温が低い、汗が冷えて寒い。ほかに人もおらず、ときおり車がすれ違うだけ。しみじみと孤独である。

いまのうちに、今日の行程を決めなければならない。

次の四十六番まで行けば、その先五十一番まで一三キロほどの間に六ヵ寺ある。浄瑠璃寺の門前の長珍屋に荷物を置き、空身で行けるところまで行って取って返し、泊まることにする。

酒を断っているせいか、やたら甘いものが食べたくなる。

終いに饅頭を頬張って、出発。

とにかく歩かなければ寒くてたまらない。

強くなった風雨をついて峠に向かう。峠で三三号線と別れ、右に切れて旧道に入る。伊予と土佐を結ぶ旧街道（久万街道）だ。坂本竜馬が土佐を脱藩した時に通った道かと思うが、私の勘違い。竜馬「脱藩の道」は土佐の檮原《ゆすはら》から西へ行き、大洲を通ったということになっている。それにしても街道とは名ばかり。登りには使いたくない急坂である。雨に濡れて滑りやすい。杖を使いながら、足元だけを見て、転がるように下る。

ふと目を上げると——。

嘘のように霧が晴れている。

松山市街地のずっと先に「伊予灘」が見える。

身震いするほど感動する。

半ば小川のように雨水が流れる細い道を、谷底めがけて下る。

雨が止んで、下りが楽になる頃、簡易舗装の細い道になる。

「坂本屋」という接待所に辿りつく。

明治から大正にかけて建築された遍路宿を改修し、接待所として活用している。地元のボランティアの方々が交代で——土曜、日曜だけだが——茶菓の接待をしてくれる。三坂峠を越え、難関の下りでくたびれきった遍路にとって、これほどありがたい接待所はない。前にも後にもここに匹敵する接待所はないように思う。

土間に腰を下ろしてお茶を飲みながら、のんびりと話を聞かせていただく。

今日は土曜日。当初の計画どおりだったら——水曜日にここを通り——受けられなかったお接待だ。図らずも幸運に巡り会えた。思わず二十分余も休憩を取って、やっと腰を上げる。

三坂峠の急な下りも終り、なだらかな道を四十六番へ向かう。

四十六番　浄瑠璃寺《じょうるりじ》　十五時二十六分　二九キロ

民宿「長珍屋」は四十六番の真ん前にある。鉄筋コンクリートの、ホテルと見まがうような豪勢な遍路宿だ。大きさも金剛頂寺の宿坊に比肩するほど。チェックインを済ませ、荷物を預けて、頭陀袋とポーチだけで四十六番の境内へ。

木立に囲まれ、ほっと落ち着く寺院。同じ札所であっても千差万別、さまざまな個性があって面白い。

参拝を済ませ四十七番へ。九〇〇メートル歩けば着く。

四十七番　八坂寺《やさかじ》　十五時五十二分　〇・九キロ

四十六番の横の道を、トコトコと歩いて到着という感じ。そのせいでもあるまいが、印象に残っていない。メモ書きにも一行の感想もない。失礼千万この上ない。

参拝はしっかりしている。

県道一九四号線を北上、四十八番へ向かう。

道は地方都市の郊外の住宅地といった佇まい。途中から四〇号線に入るが、道は変わらない。

重信川を渡る。人名が名前になっている川はここだけではないかと、司馬遼太郎が「南宇和・西土佐の道」に書いている。そうなの?と、いろんな川を思い出しながら橋を渡る。利根川は「坂東太郎」だが、これは愛称だ。橋から一キロ程で、西林寺に到着。

四十八番　西林寺《さいりんじ》　十六時五十四分　四・五キロ

やや新しい感じがするが、正面が立派な寺院。庭園が印象に残っている。

参拝を終えて十七時十五分。次の四十九番までは三キロあるので、今日はここで打ち止めにする。問題はどうやって「長珍屋」へ帰るかだ。

しばらくタクシーの世話になっていない。

さてと、思案していたら空車が通りかかる。

シメタと手を上げると、すっと止まってくれる。だが、

「○○さんですか？」

「違いますが……」

「じゃあ、駄目です」

どうやら「迎車」の表示に変更し忘れたようだ。

別の車を回すよう無線で手配してもらい、「長珍屋」へ戻る。


長珍屋は非常に大きな遍路宿で、色々な点でスムーズだが、遍路宿としては今ひとつ風情がない。というか、物足りない。大きな座敷で、決められた場所で食事をするというのは、バス遍路で大きな団体であれば仲間同士気にもならんのだろうが、私のようなひとり旅の遍路はやつらい、言い換えれば、孤独感をまぬがれない。食事ができて、寝られればそれで問題ないでしょ、ということなのだろうか？　しかも遍路宿の中では一番高い。

今日は雨天のもと、よく歩いた。五ヵ寺を巡拝し、残りが四十になった。明日からは高低差の少ない場所を進むので、さらに結願に向かって近づけるだろう。

結果論だが、行けるところまで行って道後温泉で泊まるほうが良かった。

第二十日

歩行距離　三九・七キロ
所要時間　九時間五十四分
歩数合計　五七、三〇八歩
平均時速　四・〇キロ
平均歩幅　六九センチ

四月二十二日（日）曇り時々雨

天気予報は大荒れとのこと。

六時四十五分。まだ曇り空の下、雨具を着け、呼んでおいたタクシーで西林寺へ向かう。ここでまったくドジな話――。

降り際に大事な杖を宿に置き忘れたことに気づく。宿へ取って返し、杖をピックアップして再出発。三十分とタクシー代往復分の無駄。自分に腹が立ってしまった。

気を取り直して四十九番へ。

ここからは町中の道をクネクネと歩いて行く。札所は短い距離に点々と続いているので、数はこなせる。

四十九番　浄土寺《じょうどじ》　八時二十四分　三・一キロ

町中の寺院。

堂々たる構え。かなり大きい。

県道四〇号線を北上し、右に切れて遍路道を登ると間もなく五十番に到着。

五十番　繁多寺《はんたじ》　八時五十五分　一・七キロ

天気はあまり良くないが、登ったぶんだけ眺望が素晴らしい。松山城が遠望され、城越しに伊予灘も広がっている。

次は五十一番、繁多寺の山を下り遍路道を辿り、石手川を渡ると五十一番。

五十一番　石手寺《いしてじ》　九時三十七分　二・八キロ

正岡子規の吟行で知られる、有名札所の一つ。道後温泉に近い上、今日は日曜日。たいへんににぎやか。境内を線香の煙が雲のようにたなびく。門前町もあり、これまでの札所の中ではもっとも混みあっている。

茶店に寄ってダンゴでも食べて、ゆっくりしようと考えていたが、混雑に圧倒され断念。納経を済ませて早々に退散する。

道後温泉の本館

遍路道を登り、裏口から忍び込むように道後温泉に入る。

道後温泉本館――漱石の坊ちゃんが通ったことになっている公衆浴場――の横を抜ける。

三月三十一日の同期会のとき、私もこの湯で疲れを洗った。そのとき、お遍路さんが一人で坂道を下って来るのに出会った、今の自分の姿だなと思い出す。本館の向かい側の商店街を歩く。ここからは海岸に向かうことになる。五十二番へは市内経由のいくつかの道が示されていて、どれが良いのかさっぱり見当がつかない。

そのまえに路銀だ、と郵便局を探す。

これまでは難なく見つかったが、さすがに松山は大都会だ。地図にも〒マークがない。本館に近いアーケードの中で通りがかりの人に尋ねる。要領を得ない。たぶん観光客だったのだろう。土産物屋で訊き、ようやく目的を達する。

歩きは、「丙コース」と表示されたコースを進む。

松山市の郊外を北西、海岸に向かって歩く。

住宅が続くかと思えば、なだらかな丘陵地帯が現れる。ため池や小さな祠があったり。思えば、宇和島を出てから四日間、山また山だった。「久万高原」を越えた安堵感に加え、これまでの険路とは違うおだやかな遍路道に、ほっとする。

小雨がぱらつきはじめる。

四国八十八ヵ所の札所は、出発の阿波（徳島県）に二十三ヵ所、次の土佐（高知県）に十六ヵ所、つづいて伊予（愛媛県）に最多の二十六ヵ所、結願の讃岐（香川県）に二十三ヵ所配置されている。それぞれに「発心の道場」「修行の道場」「菩提の道場」「涅槃の道場」と名が付けられている。正直なところ、私には「菩提の道場」に入っても四十五番岩屋寺まで（あるいは三坂峠越えまで）は修行の道場だった。とても修行が終わったと思えない厳しい道がつづいてきたのだ。

だが、いまは違う。

いま私はテレビで見るのどかなお遍路さんになり切っている。「桜、菜の花の咲き乱れる遍路道を、白装束のお遍路さんのグループが過ぎて行く……」とナレーションにのせて。

小雨、何するものぞ。春雨じゃ、濡れて行くのだ。

なら気分よくのんびり歩けばよかろうが、心中は焦っている。出発して既に二十日を過ぎたのに、通り過ぎた道のりは八〇〇キロ未満である。当初計画の二十四日はおろか三十日以内も怪しくなっている。歩を進めなければならない。

高みに出ると海が見え隠れするようになる。五十二番が近づいてくる。

五十二番　太山寺《たいさんじ》　十二時三十二分　一〇・七キロ

山門から坂道、階段がある。

参拝に時間がかかりそう。

伽藍は大きい。

参拝を済ませ、食事をしながら今日の泊りを考える。記録によるとまた「うな丼」を食ったようだ。大洲のうな丼が忘れられなかったのか？　でも、記憶にはない。

降ったり止んだりを繰り返しているが、天気に大きな崩れはなさそう。五十三番まではわずか三キロ弱だが、五十四番まではさらに三五キロある。伊予灘沿いにできるだけ前進したい。宿は地図には一五キロほど先の旧北条市内に数軒あるだけ。その先はさらに一五キロほど行かなければならない。いまから三〇キロも歩く自信はない。北条地区で宿泊することとする。

折よく、境内で声をかけ合ったお遍路さんが教えてくれた。

「北条地区に『北条水軍ユースホステル』があります」

「ユースホステルを謳っていますが、中身は遍路宿。食事が自慢です」

さっそく電話を入れる。

ＯＫだ。

紹介してくれたお遍路さんは、太山寺でもう少しゆっくりして行くとのこと。礼を言って先に行く。県道一三八号線を取り、最短距離を通る。小高い丘の上を抜けると間もなく五十三番が見えてくる。

五十三番　円明寺《えんみょうじ》　十三時二十五分　二・六キロ

今日、最後の札所。

あと一〇キロも歩けば宿泊場所に到着する。

余裕があるから、ゆっくり、じっくり参拝する。

寺の案内板には「現存する最古の納札が保存されている」「マリア石灯籠」があると書かれている。

これまでもそれぞれの札所ごとに、見どころがあったのだろうが、先を急ぐあまり参拝を済ませてそそくさと次を目指すことが多かった。反省。

雨が止み、気温が上がり蒸してくる。

ポンチョを脱いで歩き始めたら、突如夕立のような雨になって、ずぶ濡れになる。

にわか雨。しばらく傘で凌いでいるうちにあがった。

海岸沿いに県道三四七号線を辿る。右手をＪＲ予讃線が走っている。

昭和三十八年の春だった。友人と四国一周の旅に出て、高松から松山に向かう途中、ここを通った。

「春の海終日《ひねもす》のたりのたりかな」ふと蕪村の句が頭に浮かんだのを思い出す。波打ち際に寄せる波は、土佐の海岸で見てきた男性的な大波と異なり、波とも見えぬ穏やかさである。やさしく、さすが瀬戸内海と思わせる風景がつづく。

旧北条市の市街に入ると県道一七九号線になり、間もなく北条駅に到着。宿への道がわからず、電話で誘導してもらう。

今夜の宿「北条水軍ユースホステル」は、普通の民家を改造した造りで一階が食堂、二階が寝室になっている。ご主人は若い人——といっても、四十歳前後？——で、しゃきしゃきしている。

「少し離れたところに、温泉がある」

「うちの風呂より、そこの大浴場の方が気持ちいいよ」

「割引券があるから、どうぞ」

時間が早かったのと、雨に濡れていたので、渡りに舟と出かける。

施設の名前は、記録を取り忘れて失念したが、海水温泉ということだった。日曜の夕刻で、家族連れでにぎわっている。久しぶりに広い浴槽で手足を伸ばす。

宿へ帰ると知り合った二人のお遍路さんが到着している。

夕食は絶品だった。

これまでの遍路宿と異なり、ご主人の創作料理のバイキングである。遍路仲間との話も弾み、楽しい食事だった。みんなはビールだが、私は断酒を堅持。「つき合いの悪い奴だ」と思われたろう。

しばらく談笑し、八時過ぎにはそれぞれ自室に引き取る。民家を改造した宿なので隣室とは襖一枚の仕切りである。物音は筒抜けだが気にはならない。これが遍路仲間と話をしながら食事をした最後となる。印象深い一夜だ。
歩行距離、時速ともに不満は残るが、出だしでつまずき、途中道後温泉等で道草を食った、やむを得ない仕儀である。

第二十一日

歩行距離　三一・一キロ
所要時間　九時間五十分
歩数合計　五万四三五歩
平均時速　三・一キロ
平均歩幅　六二センチ

四月二十三日（月）晴れ

隣室の物音で目を覚ます。

四時過ぎ。目覚し時計の世話になることは絶えてない。起きだして荷造りにかかる。同宿者（三人）皆起床している気配。おそらく皆早立ちするのだろう。

食事は全員そろって、六時から。

ご主人が焼き上げたばかりの食パン。「失敗作です」と照れるが、少し焦げた程度で、たいへんに旨い。付け合わせは「スクランブルエッグ」「サラダ」「コーヒー」「ジュース」で満腹になる。遍路宿では異色のメニューである。しかも格段に美味しい。

遍路仲間の二人は、食事が済むや出発して行く。

気がついたら、私一人残されている。

昨夜、彼らは仙遊寺まで行くと言っていた。

「仙遊寺の宿坊は非常に評判がいい。いっしょに泊まりませんか？」

と、誘いを受けた。

だが、私は昨日三〇キロ余りしか歩いていない。

「できればもう一つ先の五十九番まで歩きたい」と断った。

それでも出発は最後尾――六時三十五分――になってしまう。

天気は最高。

風もなく、伊予灘は左側にゆったり広がっている。海岸線を歩いていると、後方の海岸に霧が流れ出るのが見える。松山の海岸よりさらに西の方角。

「肘川あらし？」

立ち止って遠望する。

記憶では「肘川あらし」は「冬の風物詩」。だが方向は大洲市であり、海霧が海上を這うように広がってくる。「肘川あらし」より他にないのではないか？　四月下旬では「肘川あらし」と言わないのか？

島影がみるみる霞んでくる。

そういえば、私が高松から東京へ移住した昭和三十年、宇高連絡船「紫雲丸」の海難事故が発生した。修学旅行生を乗せた紫雲丸が、早朝、海霧の中で当時の国鉄に所属する列車運搬船と衝突して大事故になった。あれも春の今頃だった。

昔を思い出しながら歩きをつづける、快調に国道一九六号線を進む。岬をショートカットするところで、右に切れて、遍路道へ。

山道を越えて、また国道に戻る。

さらに一キロで、松山市から今治市へ入る。

札所の数ではまだ六割だが、距離的には八〇〇キロを越え、八割近くこなしたことになる。

いよいよ最終コーナーにかかってくる。当初計画からは丸三日以上遅れているが、何とか三十日以内・四月中の結願は視野に入る。明日に予定している横峯寺、その後に控える三角寺から雲辺寺への登りが鍵となるだろう。

汗ばんだ肌に海風がここちよい。

遍路道と国道、JR予讃線がもつれあいながら東へつづく。

ややあって、海岸を離れて市街地へ向かう。

途中で先行した二人を抜く。彼等は途中の番外札所にも参拝している。すべての番外札所はともかくとして、順路にある札所を参拝するのは礼儀である。私のように中へも入らず、立止まって立礼するだけというのは邪道と誇られても致しかたない。

五十四番　延命寺《えんめいじ》　十一時十七分　三四・四キロ

やはり時間がかかっている。歩幅は平地を歩く際の標準は確保しているが。

伽藍そのものは平均的な札所という感じ。

民主党の菅直人が野党時代、年金問題を追及中に自身の年金保険料不払い問題に巻き込まれ、頭を丸めて四国遍路をした。数年をかけて八十八ヵ所を回り結願したが、首相在任中に都合で五十三番円明寺で中断したことがある。これをもじって「延命寺まで来なかったから総理大臣を延命できず、途中降板になった」と——現地で聞いた笑い話がある。それにしても、えんみょうじ、えんめいじ、とよく似た名前の札所が続く。

ここからは一七キロの間に五ヵ寺が並ぶ。

すべて今治市内で、それほどの高低差もない。

今日は五十九番まで足を延ばすことにする。

地図を見ると、五十九番はJR予讃線に近く一・五キロで「伊予桜井」という駅に出られる。今夜は今治に泊まるつもりだが、私は時刻表を持たない。列車の今治到着時刻がわからない。で、到着時間に縛られないビジネスホテルを予約することにする。「今治アーバンホテル」。駅からすぐのホテルだ。

松山から東の遍路道は——雲辺寺周辺を除き——ほとんど鉄道に沿っている。こうした区間での私の流儀はひとつ。行けるところまで行って適当な駅から列車で前進またはバックして、最寄りのビジネスホテルに宿泊、翌朝早い列車で前日の終了地点まで行きスタートするという「奥の手」である。(知り合ったお遍路さんが、「ワープ」と言うんですと、教えてくれた。アニメの宇宙戦艦ヤマトに登場する「瞬間移動」方式だ)

今日の最終目的地は決まった。

あとは五十五番を目指し、ひたすら歩くだけ。

小さな丘陵の霊園の中の遍路道を辿り、県道三八号線に合流。市街地を直進し、JR予讃線のガードを潜る。

五十五番　南光坊《なんこうぼう》　十二時二十二分　三・四キロ

ここだけが、寺ではなく「坊」という字がつく。町中にしては立派な伽藍。

ちょうど昼どき。食べる場所を探すが、見当たらない。

五十六番までの間でとることにして出立。

途中でコンビニ弁当、例によって太巻きとお稲荷さんを購入。私はグルメではないし、いろいろ探すのが面倒なので、いつもおなじになる。

JR予讃線のガードを、先ほどより南で潜り返して、町中を五十六番へ向かう。

高校野球の名門「今治西高」を過ぎて——道端の公園のベンチで昼をとる。練習は未だなのだろう。ノックの音は聞こえない。

五十六番　泰山寺《たいさんじ》　十三時三十一分　三キロ

ここも立派な伽藍だ。

手順どおり。いつものように参拝を済ませる。

今日の予定の五十九番までは、一二キロの距離。三時間もあれば到着できるだろう。住宅街の「歩き遍路道」を南下。「惣社川」の土手を西に進み、左折して川を渡る。前方右手の小高い丘に寺院が見える。

五十七番　栄福寺《えいふくじ》　十四時二十五分　三・一キロ

神仏混淆の名残があり、入り口はわかりにくい。

今日は順調に目標を消化している。すぐに出発。五十五～五十八番は今治市内を引き回されるような配置になっている。

次の五十八番は二・四キロ先と、指呼の間。軽やかに田園の中の遍路道を進む。「もし六十番が五キロくらい先なら、六十番も打てるのに……」こんな不埒なことを考えるくらい余裕がある。

だが、この楽観ムードは、ほどなく消し飛ぶ。

小高い丘陵地帯を進む前方に、しっかりとした山が立ちはだかってくる。

どうやら五十八番は、その約三〇〇メートルの山頂近くにあるようす。あわてて、地図を確認すると、なんと二〇〇メートル近い登りが予定されている。どうやら当初計画からこの登りを見落としていたようで、作成した高低表からも漏れている。

午後も三時すこしまえ。

登りにかかるところで、女性のお遍路さんに追いつく。ひとり歩き。きつい坂をえっちらおっちら登っている。

会話をしながら、ゆっくり歩く。当方にとってもスピードを落とすいい口実である。今日は仙遊寺の宿坊泊りとのこと。昨日同宿だったお遍路さんと同じだが、宿坊はよほど評判がいいらしい。

彼女は区切り打ち。「いろいろの合間を縫ってこれまでつづけています」と。

これまでの行程で感じたことなどを話しながら、息を切らせて登る。

女性といっしょに歩いていて、ペースが狂ったか。膝を痛める。たいしたことはなさそうだが、ショック。

五十八番　仙遊寺《せんゆうじ》　十五時二十三分　二・四キロ

この区間「一時間　時速二・四キロ　歩幅五四センチ」は、彼女といっしょの山登りで致しかたない。

評判どおりの立派な境内。

たくさんのお遍路さんがいる。ここで宿泊する人も大勢いるのだろう。

そそくさと参拝を済ませて出立。

あとで知ったことだが、仙遊寺はかなりの高みにあり、しまなみ海道の「来島大橋」がよく見える場所だ。「瀬戸大橋」「鳴門大橋」は何度か渡橋したことがあるが、私はしまなみ海道だけは未だに見たことがない。残念なことをした。

遮眼帯をかけた馬のように、前方しか見ず本日最後の五十九番へ向かう。

地図によると方向的にはほぼ東にあるが、道は北東へ山を下りＪＲ予讃線と交差するところで、地方道一五六号線に入り、線路沿いに南東へ進む。下りきって、国道を横切り、変哲のない地方の住宅地の中をひたすら歩く。ＪＲ予讃線の発着時刻が不明なので、うまく列車に乗れるかどうか。それだけが気がかり。

五十九番　国分寺《こくぶんじ》　十七時四分　六・一キロ

参拝は午後五時まで。それ以降は参拝のご朱印を貰えないので、お遍路さんは必ず五時までに済ませる。

私の到着は、五時を四分過ぎている。境内には誰一人いない。寺務所の灯も見えない。私はご朱印を貰わないから、がらんとした中、作法どおりに参拝だけを済ませる。

ここからさらに遍路道を二キロほど辿り、ＪＲ予讃線の伊予桜井駅を目指す。

今治寄りにほぼ等距離で伊予富田という駅もあるが、明日の行程を少しでも先取りするために前進する。(運賃は高くなるが)

わずか七分の待ち合わせで、下りの今治方面行の列車が来た。

なにしろ一時間に一本の路線である。幸運としかいいようがない。午後六時頃には今治の駅に着くはずだ。

「ご苦労様でした」

どんな夜中であろうとスマイルで出迎えてくれる。これがビジネスホテルの気楽さ。チェックインを済ませ、ルームに荷物を放り出して、風呂につかり汗を流して、さあ食事だ。

今夜は外食だ。スタート以来食っていないイタ飯にしようと決める。

ホテルで場所を教えてもらい、街に出る。さすが愛媛県第二の都市だ。夜の七時を過ぎているのに駅前はにぎわっている。パスタ屋も若者、サラリーマンで混みあっている。「和風スパゲッティ」の大盛りと「ミックスピザ」を注文。

「お飲み物は？」

余計なことを言わないでくれ！　断酒しているのが恨めしくなるくらいビールを飲みたくなったが、ここまで頑張ってきたのだからと我慢。

第二十二日

歩行距離　四三・九キロ

所要時間　十一時間三分

歩数合計　六万五一〇二歩

平均時速　三・七キロ

平均歩幅　六八センチ

四月二十四日（火）晴れ

朝食は、昨夜のうちに買ってある。今治なら駅で暖かいもの――うどんなんか――を食べられようが、用心に越したことはない。

列車の時間まで、部屋でのんびりする。

今日は、遍路道後半の難所の一つ、横峯寺に登る。

海岸近くの「伊予桜井駅」から、二五キロ先の七五〇メートルの山頂にある札所に参拝し、再び海岸近くまで下るというコースだ。例によって、どこまで歩くかは様子を見てとする。六十番を下れば、六十一番から六十四番まで、一六キロの間に四ヵ寺がＪＲ予讃線沿いに並んでいる。時間と疲労を考えながら、午後に決めよう。

今治七時二十分発の高松行き普通列車。

七分で昨日の「伊予桜井」に到着。

一五六号線を右折、ここが本日のスタート地点。七時三十分、平坦な道をＪＲ予讃線に沿い南東向けに出発する。晴れているが、薄いカーテンをかけたような空。昨日もこんなだった。黄砂が原因ではないかと思われる。

国道沿いに五キロほど歩き、右に切れて遍路道へ。ＪＲ予讃線の線路を越えて「今治小松自動車道」をくぐり、平坦な田舎道をほぼ真南へ歩く。いよいよ難関への挑戦だが、ほとんど登りがなくたんたんと進む。

十一時過ぎ。路傍の陽だまりで弁当を使っているひとり歩きのお遍路さんを見つける。いい頃合いだから、横に腰かけさせていただき、ひと休みする。ここまで約一六キロ歩いたことになる。時速約四キロのペース。

「朝が早かったので、ここで昼です」

昼食のお遍路さんがにっこり笑う。

私も、どこかで昼食をゲットしなければならない。

「それ、どこで買われました？」

気を付けていたが、ここまでコンビニは見かけなかった。

「遍路宿で作ってくれました」

やはり遍路宿には正確なコンビニ情報があり、弁当を持たせてくれる気配りがある。ビジネスホテルとの大きな違いである。

地図によると、この先の遍路道から少し外れたところに、コンビニがあるはず。これを逃すと、三キロ先に一軒、喫茶店があるのみ。そこまではとても腹が持つまい。

「ではお先に」と先発する。

二キロほど行くと、あった。

国道一一号線との交差点。いつもの「太巻き」と「お稲荷さん」を購入。まだ昼まえなので、先の喫茶店でコーヒーを飲みながら使うことにする。

いよいよ難関への登りにかかる。

両側から山は迫ってくるが、林道のような舗装された道がつづく。歩きやすく坂もそれほどではない。いささか拍子抜けするが、じわじわ斜度が増加しはじめる。

ちょうど十二時。右側に喫茶店発見。

だがドアに「本日休業」の下げ札。

地図を確認したら、小さい字で「火水休業」と記入されている。

コンビニで弁当を買ってきてよかった。テラスのテーブルを拝借して、弁当を広げる。

食事中に、さっきのお遍路さんが通り過ぎる。けっこう速い。

後を追うように出発。

木の根道はともかく、自分では斜度があっても舗装道路なら自信を持っていたが、なかなか追いつけない。湯浪《ゆうなみ》で標識を右に入り、本格的な登りになる。二キロ強で五〇〇メートル登る。さっきのお遍路さんと前後しながら、二〇パーセントを越える坂というより壁と戦う。ときどき会話をするのだが、どちらかがへばり休止するので、会話が途切れる。そもそも息が切れているから、まともな会話にならないのだ。

最後は、道ではなく岩の上を登らされる。ようやく仁王門をくぐり境内へ。いやはや、きつかった。十二番の焼山寺、二十番鶴林寺と二十一番太龍寺のセット、二十七番神峯寺、と名だたる急な山坂を越えてきたが、ここもすさまじい登りだ。人によっては「ここが一番」というのも肯ける。

六十番　横峯寺《よこみねじ》　十三時四十六分　二七キロ

立派な伽藍。

境内はかなり混雑している。

平日でもあり、年配のお遍路さんが多い。バスで門前まで登ってきたバス遍路だろう。どんなに混んでいても、納経、納札にとくに支障はない。参拝を済ませて、六十一番を目指す。

東へ尾根を下る。

自動車道と合流する地点で、同年配の男性に声を掛けられた。

「駐車場はどこにあるのでしょうか?」

急なことで何を訊かれたのかわからない。訊き返したら、バス遍路の参加者とのこと。同行とはぐれ、売店で聞いたら「そこの坂を下ったところ」と教えられて降りてきた。でも「一向に駐車場がない」という。

勘違いでここまで来てしまったにちがいない。私でも二十分以上、下っている。歩いて戻ることは不可能だ。

「たぶん間違った道を降りてきたのだと思います」

「あなたがいないで、添乗員の方が心配しているでしょう」

「同行のお知り合いに、ケータイで事情を説明した方がいいのでは？」

アドバイスするが、当人は携帯を持っていない。

「じゃあ、どなたかの電話番号を教えてください」

「……」

「私の携帯で電話しましょう」

「いや、そういう人はいません。ひとりで参加しています」

「だったら、バス旅行のパンフレットか何かお持ちでないですか？」

なんとか旅行案内書を手繰り寄せ、添乗員の携帯番号につなぎ、当人と話をしてもらう。が、それでも要領を得ない。

代わって事情を説明するしかない。彼が現在いる場所を知らせ、バスでピックアップするよう頼む。

「その場所をぜったい離れないよう言ってください！」添乗員は必死である。

「たぶん大丈夫でしょう」

彼にしっかり言い聞かせ、私は先を急ぐことにする。

薄くぼけているのだろうか。

添乗員も気の毒に。同情しつつ、なんだか可笑しくもあった。

思いがけぬタイムロス。

自動車道から左に切れて、「歩き遍路道」を細尾根伝いに延々と下る。若干のアップダウンがあり、こっちの道を登りに使う手はありだなと考える。ただし、道はか細く、ときに携帯の「圏外表示」となる区間もある。

当然ながら麓まで誰一人出会わない。

途中、今日の予定を六十三番に決める。距離的には六十四番でも可能だが、JR予讃線の駅までの距離がやや遠いので止めた。

「伊予西条駅」付近のビジネスホテルに予約を入れる。

このときなぜか携帯が通じなくなった。

ひやッとした不安に襲われる。

現代人にとって携帯とは何か？　いやでも考えさせられる瞬間である。

思えば、私が携帯電話をはじめて手にしたのは二〇〇〇年の夏。中山道を歩くにあたり、「山中を歩くので必要だろう」と購入した。当時は――たとえば碓氷峠、和田峠といった――大きな峠道では「通信不能」となった。何か起こったらどうしようか、緊張しながら歩きつづけた覚えがある。

道はさらに下る。急坂を過ぎて松山自動車道を潜れば、間もなく六十一番だ。

六十一番　香園寺《こうおんじ》　十六時四十四分　九・六キロ

「何だ、こりゃ！」である。

これまで参拝してきた札所は、様式はさまざまだが、だれが見ても寺院だった。しかしここは正面から見ると「ミュージアム」である。あっけにとられる。建造物としてはこれまでの中では最大級ではないか。なにしろコンクリート製の四、五階建に相当するビルなのだから。本堂と大師堂は二階に設えてある。佇まいも近代的でイメージにはそぐわないが、これはこれで、百年後の遍路を迎えるのだろう。

妙な気分で参拝を済ませる。

ここからは、国道一一号線沿いに六十二番、六十三番と至近距離で並んでいる。

六十二番　宝寿寺《ほうじゅじ》　十七時十五分　一・三キロ

六十三番　吉祥寺《きちじょうじ》　十七時三十四分　一・四キロ

失礼ながら、この二ヵ寺は、あっという間に参拝を済ませた感じで、ことさらの印象はない。メモにも「一気に打ち抜き、伊予氷見駅から列車で西条へ」との記録のみ。参拝後、慌ただしく「伊予氷見駅」に駆けつけ、西条行の列車に乗ったのだ。

午後六時を過ぎていたろう。

泊りはビジネスホテル。

チェックイン後、夕食と明朝の朝食をゲットするために外出。適当な飲食店が見当たらないので、コンビニで「おにぎり」「パン」「あんドーナツ」と飲物を買い、自室で済ます。

第二十三日

歩行距離　三七・六キロ
所要時間　十時間十七分
歩数合計　五万四五二三歩
平均時速　三・七キロ
平均歩幅　六九センチ

四月二十五日（水）晴れのち曇り

丸々四日の遅れ。

それでも、残りの距離を考えれば三十日未満の結願は見えている。

今日は三キロ先の六十四番を打ち、次の四五キロ先にある六十五番に限りなく接近するのが目標。天気予報は下り坂だが、取りあえず好天。

六時二十二分発松山行に乗車。この辺はビジネスホテルの気楽さである。

六時三十分「伊予氷見駅」を出発。

遍路道は国道一一号線の南側を並行して走る。それを東進。

七時に石鎚神社の参道に到着。

西日本の最高峰石鎚山を奥之院として擁するだけに、立派な神社である。境内も広いようだ。

参道の入り口に石柱が立つ。それに「石鉄神社」と彫られている。かつては「石鉄」と書いて「いしづち」と読ませていたのである。

これまでも何度か引いた司馬遼太郎の「南伊予・西土佐の道」に、この「石鉄」にまつわる話がある。明治維新で廃藩置県の際、愛媛県の前身である「松山県」は一時「石鉄県」を名乗った。これに対して司馬遼太郎は「意味も不明、読み方もわからない！」と強い調子で批判している。

当時、この地では子供でも「石鉄」を知る。ときの県令は迷いなくそれを県名にしたのだろう。司馬さんに叱責される筋のものではない。私が持っているこの第十四巻は、初版から十年以上経過した第一〇刷だ。この間、愛媛県の人は誰も抗議をしなかったのか？　司馬さんの解釈が正しいのか？　それとも、原作者の文章は、正誤はともかく修正しないのだろうか？（司馬さんが亡くなって二十年が過ぎてしまった。もう、訂正できないのか？）

本殿はかなり奥のようなので、石柱のところから敬意を表して先を急ぐ。

六十四番は石鎚神社のすぐ隣り。なんでも明治四年の廃仏毀釈の折り、境内をかなり神社に分捕られたとか。

六十四番　前神寺《まえがみじ》　七時十分　三・二キロ

ここの山門にも、堂々たる「石鉄山」の文字が見える。

維新早々、手ひどい目に遭ったようだが立派な伽藍。早朝七時過ぎだが、神社に宿坊でもあるのか、お遍路さんがちらほら歩いている。

心急《せ》くまま、六十五番へ向かってスタート。

国道一一号線に並行する遍路道をひたすら東へ歩く。この辺は、燧灘の海岸線に沿っているはずだが、海は見えない。

風に初夏の匂いが混じっている。

ひとり歩きのお遍路さんK氏と道連れになる。私が追いつくまでは、かなりのんびり歩いていたが、話しながら歩いていると、けっこう速い。

昼食も路傍の食堂で同席。

K氏に合わせて「ホルモン焼き定食」を食う。

K氏も私と同じように都市銀行を停年退職して、遍路旅に出たとのこと。私は銀行時代、毛色の変わった外国為替業務を長く担当してきたが、彼もまた外為をやってきたらしい。外為専門の東京銀行以外の銀行員で外為を長くやっている人と会うことはめったにない。奇遇ともいえる偶然である。

四国中央市――たいそうな名前だが、旧伊予三島市を中心に平成の大合併で新設された市――に入る。「伊予土居駅」近くの旅館に泊まる彼と駅前で別れた。

午後二時過ぎだ。

街の佇まいを眺めながら歩いていたら、K氏が追いかけてくる。

「もう少しごいっしょさせてください」

旅館に荷物を預け身軽になっている。

また肩を並べて歩く。

「今夜は伊予三島に予約を入れてあるので、私は最低そこまでは歩きます」

「一〇キロはありますね」とK氏は詳しい。

「じゃあ、わたしは適当なところで切り上げてJR予讃線で戻ります」

遍路道が国道一一号線に寄り添う路傍に、鄙には稀な喫茶店が店を出している。それを横目で見ながら、

「わたしはスイーツに目がありませんでしてね」

彼が嬉しそうに話しはじめる。

「喫茶店を見つけるとダメなんです」

「これまでに何軒立ち寄ったか、覚えていないくらいです。あははは」

のんびりしたことを言いながら、それでいて私のスピードに平気でついてくる。これが彼本来の実力なのだろう。

結局二時間ほど同行して、「伊予寒川駅」へ左折する角で別れる。K氏とは年賀状を交換していて、サンチャゴ・デ・コンポステーラを歩いたとの便りを貰った。大活躍の様子。

ここから遍路道はJR予讃線から離れ山中に入って行く。県道一二六号線を一路東進。

午後四時を過ぎて、空はどんよりと曇って来る。

寒い。

ひとりになってから全力で歩いている。

三十日未満での結願を達成するために、明日は最後の難所、雲辺寺を越え、出来れば観音寺まで足を延ばしておきたい。少しでも手前の三角寺に接近しておく必要がある。

道は伊予三島の中心街をはずれて、住宅街を山の方へ向かっている。遍路シールが途切れがちで、地図を見ても居場所すらわからない。高速道路の下を潜り、えいや、と松山自動車道に沿ってしばらく進む。ありました、しばらくぶりに懐かしい遍路シールを発見。

今日のミッションは限りない前進である。

遍路シールの矢印に従い高速を離れ、しとしと雨の降る中を山道にかかる。暮れるには早い時間なのに暗くなってくる。北斜面の谷あいに入ったのと雨模様のせいだ。人っ子一人見当たらない。

心細い。

ついに心が折れる。ときに十七時二十二分。

「銅山川第一発電所の門前、『外川公園』にいます」

タクシーに救援を依頼。ほうほうの体で伊予三島駅から一キロ東にあるビジネスホテル「マイルド」に落ち着いた。タクシー代は八百円也。こんなに近いとは。きっと道を間違えて大回りをして歩いたのだろう。

明朝六時半の迎えをタクシーに依頼する。

夕食と明朝食はコンビニ弁当。

今日は高低も少なく、昨日の積み残し一ヵ寺を消化して楽に距離を稼げた。

第二十四日
歩行距離　四四・九キロ
所要時間　十時間五十二分
歩数合計　六万四九一八歩
平均時速　四・一キロ
平均歩幅　六九センチ

涅槃の道場へ

四月二十六日（水）小雨のち曇り

いよいよ涅槃の道場（讃岐路）に入る。

起承転結の「結」である。落語なら「さげ」。上手に噺を落としたい。

今日は伊予最後の札所、三角寺に参拝し、遍路道の最高地点（九一〇メートル）にある雲辺寺を目指す。

泊りは観音寺市を予定。

これまでの伊予路と異なり、鉄道の力を利用することのできない山路ばかりである。昨日稼いだ六十五番までの距離八キロの助けを借り、何とか七十番まで打って宿泊する。さすれば結願八十八番までは残り一一〇キロになる。

本日の出発地点「外川公園」は、標高一〇〇メートル強にある。三角寺まで四〇〇メートル弱登り、いったん標高一〇〇メートルまで下る。今度は一二キロで約八〇〇メートルを一気に登る。ここを「最大の難所」という人も多い。

五時起床。身支度をととのえ、買い置きの朝食を頬張る。荒れるとの予報だったが、風雨ともに弱い。雨支度はせずに、タクシーで「外川公園」へ。空はどんよりとしているが、降ってはいない。

六時五十三分。「戸川公園」を出発。

舗装道路をしばらく歩き、遍路道へ入る。ここからは上りいっぽうの急坂がつづく。距離は二キロと短いが、斜度は二〇パーセントを超えていよう。意外にあっさり登れたのは、朝の元気のせいか。

それでも最後に急階段を登らされて三角寺に到着。たった二キロ強に一時間を要している。

六十五番　三角寺《さんかくじ》　七時五十四分　四五・二キロ

たいへん立派な伽藍。

しかし、気が急いていたためか、こまかな記憶がない。メモにも記録がない。作法どおり参拝を済ませたことは確か。さすがに六十回以上参拝すると、良し悪しはともかく、手順はルーティン化し、手際は格段によくなっている。

次の六十六番までは約一八キロ、今日はアップダウンの多い一日になる。

遍路シールに従って出発するが、三〇〇メートルほど下ったところで方角がおかしくなる。下りで間違えると、修正するためにまた登らなくてはならない。厄介だから、三〇〇メートル戻った。

札所の人に質問したら、

「間違いではありません。一キロほど先に右へ分岐する道がそれです」

あーあ損した。

とはいえ、この手のことは今日がはじめてではない。


気合を入れなおして下りにかかる。戦国の頃、土佐の長曾我部軍の進入路にあたる谷あいを目指して一気に下る。

しばらくは急な下りがつづく。毎度のことながら登ったぶんだけ下っている感はぬぐえない。三キロほど下り、傾斜がやや緩やかになった頃、田畑が現れる。

高知自動車道の橋脚を潜り、集落に入る。

「椿堂」（浄福寺）がある。

遍路道が国道一九二号線に合流する直前、遍路道が境内を貫くような様で椿堂が建っている。

六十五番を出発して六キロを一時間半、下りいっぽうで疲れはないが、誘われるように一服する。番外霊場は失礼して立礼だけで済ませてきたが、ここは丁寧に参拝。これからの登りを考え、腰を下ろして休憩をとる。

この先、阿波と讃岐の国境、阿讃山脈に向かう。

六十六番までは三本のルートが設定されている。標高差約八〇〇メートル。ルートにより距離に差はあるが、あっても一キロほどであまり変わらない。ただ夜来の雨で足元が悪そうだ。

そこで「曼陀峠《まんだ》」「境目峠《さかいめ》」と峠越えのルートを回避、一九二号線を歩き「境目トンネル」を抜けて徳島県へ。三好市（旧池田町――「やまびこ打線」の池田高校の所在地）の佐野地区を経由し、「曼陀峠越え」の遍路道へ直登することにする。距離が短いぶん勾配はかなりきつそうだが「一キロ強の辛抱」と覚悟を決めて出発。

国道を緩やかに登る。

トンネルまで四キロで一五〇メートル登る計算。斜度三パーセントの登りは、私には平坦に近い道だ。トンネルを抜けると緩やかな下り。テンポよく歩いて、十一時三十二分。佐野に到着。いかにも地方の中心地といった風情。ここから一九二号線を離れて、遍路道をさらに一キロちょっと進み、雲辺寺口から山道に入る。

平均斜度三五パーセント。

一〇メートル単位でスイッチバックを繰り返すジグザグ道。何度も立ち止まって息を入れながら登る。足場も悪いが、木の根、石ころが多い。足を取られながら必死に登る。遍路杖にしがみつく。これも修行、これが最後、と念じながら。

空が明るくなりはじめる。

急に空が大きくなる。

登りは終わった。ようやく「曼陀峠」からの道に合流する。

ここまでの間に昼食をとったはずなのだが、どこで調達しどこで食べたのか、まったく記憶にない。しかし手帳のメモにはいつもの「お稲荷さん」「アンパン」「キャンディ」を六百九十五円で購入したことが記されている。相当焦っていたか、気合が入っていたか？

ここからは尾根歩き、快適なハイキングコースだ。地図を見ると県境が左手にある。まだ徳島県を歩いているようす。

道が広やかになり、スピードを上げる。

頂上に近づくにつれて雲の中に入って行くようだ。なるほど雲辺寺か。林の中に霧が詰まっている。一〇メートル先を霧が流れているのがよく見える。最後にややきつい登り。

六十六番　雲辺寺《うんぺんじ》　十三時三十四分　一八・一キロ

所在地はまだ徳島県だが、ここから「涅槃の道場」に入る。

ここを含めて残りは二十三ヵ寺。

香川県は私の出身地である。

ここまで来れば、こっちのもの。全体地図が頭に入っている。

しかも日本で最も面積の小さな県だ。高松、坂出、丸亀の三つの市——そう小学校で学習した——以外に観音寺市はじめいくつかの市が誕生したのは承知している。細かい道はわからなくとも、地域的には見当がつく。ご近所を歩くようなもんだ。どう転んでも、三十日未満での結願はいける。この過信が後々エライ目に遭うきっかけとなる。

非常に立派な伽藍。

涅槃の道場の最初の札所なので、念入りに参拝する。

ポツリポツリと雨がくる。

かまわず歩きはじめるが、だんだん強くなってくる。寺院の軒下を借りてポンチョだけを着ける。予報では回復基調なので着脱に手間がかかるオーバーズボンははかない。しとしと雨と霧に包まれながら、細い道を四キロほど下る。

ロープウェイができて歩く人が少ないのか、踏み跡が不明瞭だ。周囲を確認しながら、道を取り違えないように慎重に下る。

そろそろ、今日の泊りを決めなければならない。

予定では、六十七、六十八・六十九（この二ヵ寺は同じ場所にある）、七十番と打って、七十番の近所の旅館に宿泊するつもりだったが、午後二時を過ぎてしまうと、そこまでの二五キロを歩く自信がない。

ＪＲ観音寺駅に近いビジネスホテル「白梅別館」に予約を入れる。そこまでは一五キロ程度で、比較的早く到着できよう。かつ余力があれば一キロ余りで六十八・六十九番にも行ける。空身で参拝を済ませることも可能だ。

山道を下りきって、県道二四〇号線に入る。

緩やかな下りで、ため池が点在する典型的な讃岐の田園風景。雨は上がり、薄日がもれてくる。

田園の中の小高い丘陵に寺が見える。

六十七番　大興寺《だいこうじ》　十六時二十四分　九・四キロ

立派な境内。

長く滞留することはできない。いつものように作法どおり参拝を済ませ、観音寺へ向けて出発。目標は寺の境内で木立越しに遠望したやや大きな市街地。「あれが観音寺だろう」と見当をつけ、遍路シールを頼りに歩く。中心部までは八キロほど。道は下りの舗装道路だから一時間半くらいで到着できるはず。

国道三七七号線を渡り、しばらく畑の中の遍路道を辿る。

地方道六号線へ入るべく歩を進めているうちに、遍路シールを見失う。周辺をぐるぐると歩いて探したが、見つからない。

仕方がない。見当をつけておいた「観音寺方面」へ歩く。どこかで観音寺へ行く地方道六号線に交差するはず。畑の中に点在するため池を回避しつつ、方向を変えている内に、今度は自分がどっちを向いているのか、地図を見てもどこにいるのか、まったくわからなくなる。

道を訊こうにも人がいない。

たまにやや大きい道に出ても、車が通り過ぎるだけで途方にくれる。

三十分くらいウロウロしたろうか。ついにわからず五時まえになってしまう。やんぬるかな、タクシーで観音寺へ行き、明日ここまで戻るしかない。

だが、私はしつこい。

薄雲の中に見える太陽を基準に方向を定め、北（と思われる方向）へやみくもに歩く。

やや店舗などがある街区へ出る。尋ねると、

「かなり東へ外れています」と言われる。

頭の中で、観音寺は――大興寺から見て――北やや東と思いこんでいた。だが地図をよく見ると、北西ではないか。

六号線を教えてもらい、一目散に観音寺を目指す。

とんでもない道草を喰った。

致しかたない。六十八番、六十九番は明朝に回そう。

観音寺駅近くにあるビジネスホテル「白梅別館」にチェックイン。

いつものように、夕食と明朝食の調達に出かける。自業自得とはいえ、こういうときのビジネスホテルは侘しい。遍路宿の暖かさ、温もりが恋しい。精神的にじつによろしくない。

食後、テレビを見ながら、一日を思い返す。

雲辺寺を踏破したことはうれしいが、大興寺からどこをどう歩いたのか、地図を見ても見当がつかない。所要時間と歩数を勘案すると、さほど遠回りをしていないらしいが。

残りの札所は二十一ヵ寺、これを明日からの三日間で打ち終える。距離にして一二〇キロ程度。

可能な距離だが、まだ油断は禁物。
あのとき、大興寺で木立越しに眺めた町はいったいどこだったのか？　帰宅後の調べでもはっきりしない。どうやら善通寺または多度津の町のどちらからしい。

第二十五日

歩行距離　三八・九キロ
所要時間　十一時間七分
歩数合計　六万三一七四歩
平均時速　三・五キロ
平均歩幅　六二センチ

四月二十七日（金）快晴

昨日の失敗を取り戻すために、朝六時過ぎから歩きはじめる。

ようやく日が差し始めた県道を、琴弾《ことひき》公園を目指す。

六十八番、六十九番は、琴弾公園に隣接して同じ場所にあるので効率はいい。

琴弾公園は、園内の海岸に「寛永通宝」の銭型砂絵があることで知られている。早朝のことで、ほとんど人通りがない。気持ちの良い早朝ウォーキングの気分だ。

今日はできるだけ前進する予定だが、小学校時代の友人が丸亀に嫁いでいて、「ぜひ寄ってください」と招待されている。場所的には遍路道から大きくはずれているわけではないが、ある程度の時間は必要だろう。

残り二十一ヵ寺を三日間で歩くには、今日は最低でも七十八番まで十一ヵ寺を片づけなければならない。四〇キロ。少しきついが、これまでの山岳地帯と異なり、讃岐平野を歩くのだ。気を楽に持て。

財田川《さいた》を三架橋《さんか》で渡り、琴弾山の北麓へ回り込む。宿からはほぼ二キロ。

六十八番　神恵院《じんねいん》
六十九番　観音寺《かんのんじ》　六時三十一分　八・七キロ

六十八番と六十九番が同じ場所にあるのは、明治維新期の廃仏毀釈、神仏分離が関係している。六十八番は元が「琴彈八幡神社」の別当寺として建立されたもの。それが神仏分離令により、観音寺境内に移されたのだ。手間をかけずに参拝できるのはありがたいが、寺院としては今ひとつの感じ。

参拝を済ませ、すぐに七十番に向け出発する。

さっき渡った「財田川」の右岸に沿って、県道四九号線を東進。

順調に歩を進めていたら、突然猛烈な腹痛に襲われる。おそらく昨日コンビニで購入した夕食か、あるいは朝食に中《あた》ったのだろう。猛烈な痛みだ。冷や汗をかきかき、歩くこと十分。コンビニを見つけて駆け込む。

応急処置はトイレしかない。

ひと息ついて、また歩く。腹痛は他人事だったように治まっている。まったくもって付き合いにくい腹だ。

一面、麦畑がのどかに広がっている。

讃岐は「うどん県」と称するだけあって、私が子どものころから、高松の在郷だった母の里では何かあると「うどん」を打っていた。それが当時の「おもてなし」だった。うどん粉は、稲を収穫したあとに作付けした麦を製粉したものだ。いまは昨年の秋に蒔いた麦が畑で成長し、頭の上で雲雀が縄張りを主張してさえずる季節である。麦の畝を丹念に探れば、雲雀の巣が見つかるだろう。

周囲の風景はじつにのんびりしている。

だが私は三日後の結願を目指し、急ピッチで歩かなければならない。

前方にこんもりした森が見えてくる。

七十番　本山寺《もとやまじ》　七時五十五分　四・五キロ

五重塔のある非常に大きな伽藍。

本堂は国宝とか。

参拝。納経して出発。

次は七十一番。一〇キロ以上とかなり遠い。

国道一一号線を北上。方向的には海に向かっているはず。のどかな田園の中を、ひたすら歩く。早立ちなのでまだ八時過ぎだ。ともかく距離を稼ぎたい。

途中から左に切れて、「歩き遍路道」へ入る。国道とJR予讃線に挟まれた遍路道は歩きやすく距離を稼げそう。地図には標高が記されていない。大きな高低差はないと安心していたのに、なんと山門から本堂まで五〇〇段以上の階段を登らされる。

油断していた。どっと疲れが出る。

七十一番　弥谷寺《いやだにじ》　十時二十九分　一一・三キロ

階段にはまいったが、立派な伽藍である。

岩山に架けられている感じで厳粛な雰囲気だ。

参拝は、手慣れたものだが、境内が広くかつ高低差もあり結構時間がかかる。

七十二番へ向けて出発。今日の予定は七十八番まで。

四〇キロほどの間に――三〜四キロごとに――札所は点々とある。うっかりすると打ち漏れを起こしかねない。地図をしっかりと頭に入れ、遍路シールを確認しつつ急ピッチで歩くのは、なかなかたいへんだ。

来た道をそのまま下り、田舎道の遍路道を南東へ辿る。高松自動車道をくぐって、かなり大きな溜池を通り、国道一一号線に出る。

ぽつぽつと人家が現れる。

国道から右に切れたら、間もなく七十二番が見えてくる。その後方の高みに七十三番も見える。　七十二番を左手に見ながら、まず七十三番に参拝し、打ち戻して七十二番に参拝することにする。

七十三番　出釈迦寺《しゅっしゃかじ》　十一時三十六分　（順番を変えたため計測不能、合算で表示）

急坂を登り切ったところに七十三番がある。

空海が幼少時に、仏教に帰依し衆生を救うことを願い、身を投げたとき、釈迦如来と天女が現れ抱きとめたという伝説がある。寺院の名前もそこから出たようだ。さらに一・四キロほど登ると「捨身ヵ嶽禅定《しゃしんがたけぜんじょう》」と呼ばれる行場がある。当然登るべきであるが、元来、その手の言い伝えにはあまり興味がない。先を急ぐ都合もあり、割愛。本堂、大師堂の参拝納経だけにして、来た道を下り、七十二番へ向かう。

七十二番　曼荼羅寺《まんだらじ》　十一時五十一分　四・三キロ

こじんまりした寺院。

空海の出身氏族である佐伯氏の氏寺として建立されたとある。

参拝を済ませて、隣接のお接待所で昼食をとる。時間が時間で混みあっている。何を食べたのか、ぜんぜん記憶にない。

心急《せ》くまま七十四番へ向けて出発。

七十四番　甲山寺《こうやまじ》　十三時三分　二・二キロ

小山の麓の寺院。残念ながら、印象が残っていない。

参拝を済ませて七十五番へ向けて出発。

徐々に善通寺市の中心地へ向かって南進して行く。

遍路道が町中に入りにぎやかになってくる。

七十五番　善通寺《ぜんつうじ》　十三時二十九分　一・六キロ

さすが空海の誕生地、大本山。

巨大な伽藍。

本日の残りは三ヵ寺。一五キロ程度なので、ここはじっくりと見物する。

なにしろ境内が広い。建造物だけでも大変な数。ただ――これは札所全般についていえることだが――戦国時代の長曾我部の侵略により焼かれ、ほとんどが江戸期以降の造営である。仏像等はいくつか戦火を免れているが、宝物殿を拝観するまでのゆとりはない。

三十分ほど滞留して、七十六番へ。

今夜の泊りは坂出駅近く。ビジネスホテルの中から、あてずっぽうで「三中井」を予約する。

小学校の同級生高木（旧姓河津）さんのお宅を訪問するので、到着予定時間を連絡しておく。

善通寺の町中を歩き、ＪＲ土讃線を目指す。

地図によると善通寺の駅の北側で線路を渡り左折して北上することになっている。高松自動車道の下をくぐり、残り一キロ弱。

七十六番　金倉寺《こんぞうじ》　十四時三十三分　三・八キロ

町中の寺院。

ここは真言宗のライバルとされる天台宗の寺院とか。これまでにも真言宗から別の宗派に変わった寺院もあったような気がする。町中にしては、それなりの広さの境内。今日の行程の残りは一〇キロ強、ネット二時間で歩けそうだ。

七十七番へスタート。同じような道を海に向かって歩く。

雲一つない。

七十七番までの間に、お接待を二度受ける。

瀬戸内海沿いの遍路道に入ってお接待の回数は減っていたから、久しぶりである。急いでいるときは、「おせっかい」と感じることもあるが、やはりこれは遍路の大切な風景なのだ。

町中に入った途端、声をいただく。

「お遍路さん、お接待」

立ち話をしていた中年（？）の主婦が近づいてきて、百円硬貨で三百円、裸のままで差し出される。たどたどしい日本語で、フィリピーノ（もしかしたらヴェトナム人）だと名乗る。地域の風習が根づいているのだろう。丁重にお礼を申し上げて、しばらく話の輪に加わる。

道はほぼ北、瀬戸内海の海岸へ向かい善通寺市から多度津町に入って行く。ＪＲ予讃線と土讃線が分岐する町。遍路シールに案内されて町中の細い小道へ入ったところで、連子格子の中から、また声をかけられる。

「お遍路さん!」

連子格子なので中が見えない。

「お接待があるから、ちょっと待っててください」

玄関から年配——といっても当方とさほど変わらない年恰好——の男性が出てくる。

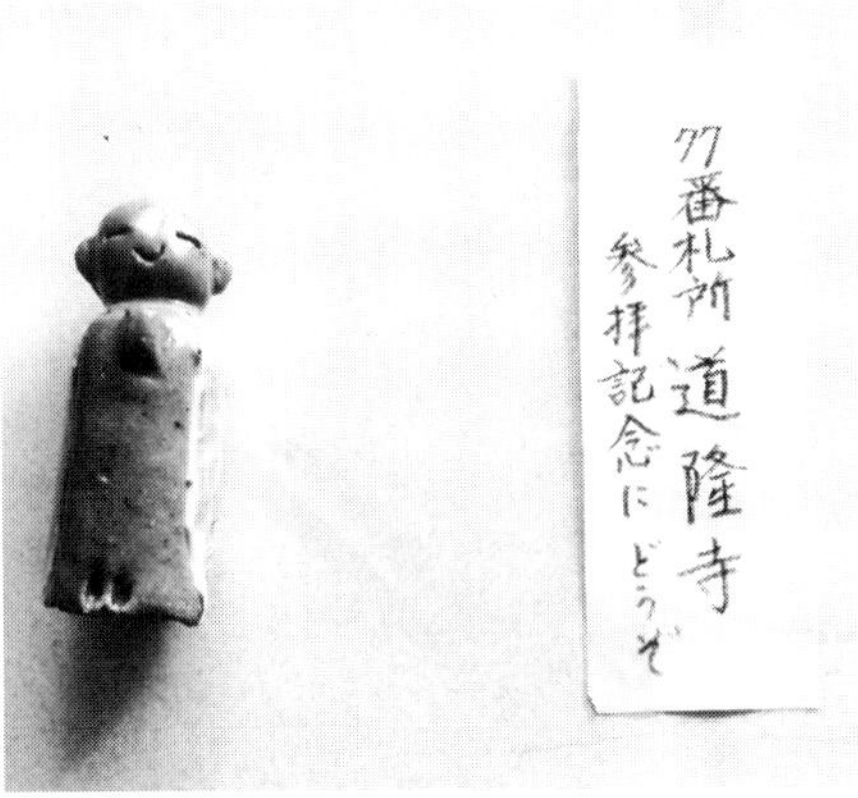

お地蔵さまを象った焼き物

「道隆寺さんに参拝されるお遍路さんを見かけたら、お渡ししています」

そういって、お地蔵さまを象った焼き物をいただく。「七十七番道隆寺参拝記念にどうぞ」と書かれた小さな紙片も入っている。焼き物はこのために自分で焼いているとのこと、釉のかかったしっかりした作品である。ありがたく頂戴。これはいまでも本棚の片隅に飾ってある。

県道二一号線に出たところが七十七番。——地図上では、そうとしか見えないのだが、正しい二一号線はこれとは微妙に異なる。どうやら二一号線は少し先からで、現在いる道は一筋海側の道らしい。この勘違いが尾を引き、後のトラブルを引き起こす。

七十七番　道隆寺《どうりゅうじ》　十五時三十七分　三・九キロ

周囲を住宅等に囲まれた町中の寺院。じつは、それ以外に印象が残っていない。

今日の予定は、七キロほど先の七十八番まで。時間は午後四時まえだから、時間のゆとりはある。しかし、高木さんのお宅に立ち寄ることを約束しているので、先を急ぎたい。

型どおりの参拝を済ませて丸亀市に向かう。

途中で高木さんに電話を入れて、現在地を知らせる。

「そのまま二一号線を直進して。三十分もすれば着くから」

「道路に出て待っています」

「わかりました。よろしく」

私は、地図を片手に歩いている道が県道二一号線だと信じきっている。

ところが、三十分歩いても彼女の姿は現れない。

やむなく立ち止まって、携帯。

私は二一号線を歩いているのではなかった。

十分以上彷徨ったので、到着は四時二十分。先方に大変迷惑をかけてしまったが、ようやく巡り合えて、応接間に腰を下ろしたときは、恥ずかしいやらホッとするやら。心づくしの讃岐の手料理をご馳走になりながら、遍路道でのできごとや、小学校時代の思い出など、ご主人を交えて楽しいひとときを過ごさせてもらった。

もっとゆっくりしたかったが、今日中に次の七十八番を打っておきたい。午後五時に失礼させていただく。

七十八番までは約三キロ。春のまだかなり高い夕日を背に、丸亀市内の中心街を東進。石垣が有名な「丸亀城」は、右手にあるはずだが、見ることができない。中心街を通り抜けて、細い道へ右折してしばらく行くと右手に七十八番。

七十八番　郷照寺《ごうしょうじ》　十八時二十分　七・二キロ

残念ながら午後五時閉門。

やむなく、明朝一番に参拝することとし、タクシーで坂出の三中井ビジネスホテルへ。こんなことなら、高木さんのお宅でもっとゆっくりできたのに、と残念に思った。

例のごとく、夕食と明朝の朝食をゲットするために七時過ぎに街へ出る。

夕日の丸亀市内で

ところが商店街に入ってびっくりした。

眼前にあるこれはなんだ？

私が小学校で学習した香川県は、まず県庁所在地の高松市、日本一の塩田地帯を擁する坂出市が二番、丸亀城の城下町、丸亀市が三番だった。市は三つしかなかった。そして私が上京した昭和三十年には善通寺市と観音寺市が加わり、現在では平成の大合併で、八つの市がある。その香川県第二の大都市だった――と私の記憶の中にある――坂出市の、JR坂出駅から二〇〇メートルの商店街が、まさに「シャッター街」になっているのである。

茫然自失とは、こういうときのための言葉だろう。正直言って故郷だけに大きなショックを受けた。

たしかに、往時は塩田が経済を支えていたのだろう。私が父に連れられて東京へ出てきたころに、塩田が車エビの養殖池に転用されているという話をちらほら聞いたような気がする。入浜式塩田から流下式塩田への変化と、専売だった塩が輸入の岩塩に代替されていく時期だったに違いない。

しかし決定的な影響は、瀬戸大橋の開通ではないか、と私は思う。

香川県は日本一面積の小さな県、そこへ鉄道と併用の瀬戸大橋が開通した。続いて四国全体に高速道路網が張り巡らされた。

これが、四国への「玄関口」また本州への「出口」という香川県の価値を絶望的に下げた。

坂出の海岸――かつては入浜式の塩田が広がっていた番の州地域――に上陸する鉄道と高速道路は、そこに留まることなく、愛媛県、高知県、徳島県へほんの数時間で直行する。中継地としての香川県の必要性は皆無となった。

私の勝手な推測である。

データがあるわけではないが故郷のことで、つい感傷的になった。

だが同様なことが、いまも日本国中で行われていないか。相も変わらず日本中に張り巡らされる新幹線、高速道路網で、いったいいくつの「シャッター街」が作られるのだろうか？ むろん私たちは世の中の進歩に抗えない。問題はそれにどう対処すべきかだが、地域間格差の拡大は何十年の単位で顕在化してくる。こうした大型投資は、本当に長い視点をもって判断すべきだとつくづく思う。

灯の消えた商店街にあって、輝いているのはコンビニだけである。夕食、夜食、明朝食を仕入れて部屋に戻り、テレビを見ながら食べる。

今日は七十八番を含めて十一ヵ寺を巡拝したことになる。

残るは十ヵ寺となった。距離にして八〇数キロ、距離的にはどうということはないが、三〇〇メートル以上の山を四つ登り降りしなければならない。

あと二日間で結願するには、相当な馬力が必要だろう。

お祝いをしてくれるという高松の友人に現状報告。

「ギリギリの状態だが、何としても明後日には打ち終えて夕方には高松へ帰る」

「無理するな」と言ってくれるが、無理を承知で作った計画なのだ。ともかく三十日未満で打ち終えるという宣誓でもある。

伊予路の松山─今治間の「北条水軍ユースホステル」を最後に、宿泊はすべてビジネスホテルだ。六日連続となるとさすがに侘しさが募る。おまけに大好きな酒を断って四週間、これも堪える。

あと一泊でそれも終わる。

第二十六日
歩行距離　三九・六キロ
所要時間　十二時間十三分
歩数合計　六万二一七一歩
平均時速　三・二キロ
平均歩幅　六四センチ
（時速は高木さん宅の滞在を考慮すれば三・五キロ程度と考えられる。）

四月二十八日（土）快晴

五時に目を覚ます。

最後の詰めを控えて若干緊張が高まっているのか、やや眠りが浅くなっている。

準備を整え、六時四十分、呼んでおいたタクシーで郷照寺へ。

開門を待って参拝。

他にも何人か早朝のお参りをする人が散見された。やはり五時に締め切ってしまうのは、いかがなものか。寺院にも窃盗が入る時世だ。やむを得ない面もあるのだろう。正直なところ、自らさえ守れない寺院が、家内安全、厄除けを授けるとはなんぞや。

まあ、いいか。もともと私はそんなことはどうでもいい人間だ。

比較的新しいつくりの立派な山門が新鮮。

広くて立派な伽藍、境内もなにやら若作りである。

参拝を済ませてすぐに七十九番へ。

県道三三号線を取り、東進。

またもや遍路シールを見落として、坂出の中心街を抜けるはずが三三号線を直進してしまう。

港に近い工場地帯のような区画を歩かされる。少し大回りになったが、JR予讃線に並行している地点で遍路道に戻りさらに東進。

三三号線から右手の遍路道をしばらく進むと、町中の寺院が現れる。

七十九番　高照院《こうしょういん》　八時　五・九キロ

天皇寺というたいそうな別名を持つ寺院だ。

保元の乱で讃岐へ配流された崇徳上皇の寓居からとった名とか。

寺院としては、やや小ぶり。崇徳上皇は配流のまま、窮死したため祟ると、されている。上天気の中、つつがなく参拝を済ませて、すぐに出発。

なにしろ今日もいそがしい。最低でも屋島の麓まではたどり着いておかなければ、明日の結願が覚束なくなる。

一路、五色台の山麓を、並行する国道一一号線と県道三三号線を行ったり来たりしながらJR予讃線に沿って南東方向に進む。綾川に沿って山並みの南側の山麓へ回り込んで行く。

四月下旬の太陽が頭上から降り注ぐ。

強烈に暑い。

思えば、もう初夏なのだ。

多少登って、再び、三三号線に戻り、国分駅を過ぎて北へ左折、八十番に到着。

八十番　国分寺《こくぶんじ》　九時二十四分　六・六キロ

巨刹である。

八十八ヵ所の札所を見ても、ほとんどの寺院が南北朝の戦乱、戦国時代の戦火などですべて破壊されて、再建されたものだ。その中で、この讃岐の国分寺は古代の姿をよく残している、とされている。

確かに境内は広く、当初の礎石も残されていて時代を感じさせる。そのせいか広場的なむき出しの地面が少なく、松を中心とした疎林の中を行くといった感じで、こころ休まる。

ここからの登りに備えて、やや長めの休憩をとって八十一番へ出発。

シールに導かれて裏手の山に向かう。

なだらかな登りだが、国分寺がはるか眼下になるころ、いきなり急坂になる。息を弾ませ、うつむき加減に登りつづける。

ふと前を見ると、自転車を担ぎ上げているお遍路さんがいる。

自転車で回っているそうで、担いで登るのにはもうなれましたと、笑う。確かに、全体から見れば担いで登る距離はわずかなのだろう。しかしその気になれば「くるま遍路道」を走って登ることもできるのだ。変わった御仁だ。それ以外の道では、歩行の三～四倍のスピードで走るに違いない。上には上があるものだ。

「お疲れさま」

声をかけて先行する。

二キロほど登ったところで、分岐に出る。西に行けば八十一番、東を取れば八十二番に向かうはず。

当然、私は西に向かう。

やや下り気味の道。林間をなだらかにアップダウン。絶好のウォーキング日和だ。

だが、油断大敵。

道のぬかるみで、うっかり浮石を踏んでしまう。バランスを崩し、ぬかるみの中で膝と手をついてしまう。けがはないが、ズボンと手は泥だらけ。山中のことで手も洗えない。しばらく行くと小さな流れが道を横切っている。その湧き出し口を探して、応急措置をした。転んだところも同じような湧き水でぬかるんでいたのだろう。

さらに下ってゆくと木の間越しに八十一番が見えてくる。どうやら裏側からアプローチしているらしい。

札所は五色台の北斜面にある。

前方には瀬戸内海が見えるはずだが、林に遮られて見えない。

そういえば、自転車の御仁は下り坂になってからも追い抜いてこない。八十二番へ向かったのか？

八十一番　白峯寺《しらみねじ》　十一時五十分　六・五キロ

林間の大きな寺院。

例によって遍路泣かせの修行坂。本堂へはかなりの石段を登らなければならない。

境内も広い。

ここは、保元の乱で敗れ、讃岐に配流された崇徳天皇の御陵が並んでいる。日本の天皇で都のあった「京都、奈良、大阪、滋賀そして東京」以外の地に、陵墓があるのは三人だけ。そのうちの一人がここに祀られている崇徳天皇だ。あとの二人は下関で平家とともに海に沈んだ安徳天皇と、藤原の仲麻呂の乱に連座して淡路島に配流された淳仁天皇である。私は讃岐で小学校を卒業したので、崇徳天皇についての伝承は聞き覚えがある。

参拝を済ませて昼食を摂ったはずだが、何をどうしたのか、記録も記憶もない。何となく、茶店で何かを食べたような気がするのだが？

八十二番へ向けて出発。

緩やかな登りを三キロほど打ち戻して分岐点に戻る。

ここを直進し、さらに登る。

高い木のない、幅の広い尾根筋を進む。木陰がないのでひどく暑い。高低差は二〇〇メートル。かなりしんどい。

八十二番　根香寺《ねごろじ》　十三時四十九分　五・〇キロ

ご丁寧に、長い急な階段が迎えてくれる。

高低差を必死に詰めてきたうえの階段は、毎度のこととはいえ恨めしい。

ここもかなりの巨刹。

五色台の台地の東側に位置するのだろうか？　やはり海は見えない。

心霊スポットであり、「牛鬼」という怪物の像があることになっているが、拝観した記憶がない。日程消化に前のめりになっていて周囲への注意力が極端に低下、散漫になっていたのだろう。

ともかく参拝を型どおり済ませ、すぐに出発。

ここからは取敢えず登りはない。まだ二〇キロ残っているが四時間で踏破できる。そう油断をしたのが大失敗。

痛恨のミスを犯す。

地図をしっかり確認することを怠ったために、正しくは七〇〇メートルほど遍路道を打ち戻してから、左に分岐し南東の尾根筋を下るところを、間違って大きく北東方向へ進んでしまった。「海は見えない」と先ほど書いたが、海が見えていたら、土地勘があるので取っている道が香西方面だということが簡単にわかるのだ。

この道は番外霊場の香西寺へ下る道で、急坂をかなり下ったところで、バイクを押しながら山道を登ってくる若者に出会い、道を訊かれて――地図を取り出して説明してあげながら――やっと私自身の間違いに気づいたのである。

ここは「歩き遍路道」、バイクといえども乗って登ることはできない。バイクのエンジンを使いながら、ここまで、手で押しながら登ってきたらしい。今日は妙な日だ。自転車を担ぎ上げているお遍路さんにも会った。色々なお遍路さんがいるものだと思う。それにしても道を間違えたのは一大事だ。もうかなり下っている。急坂を打ち戻す力も根気もない。このまま間違った道を行き、二キロ以上の遠回りをして正しい道に合流しなくてはならない。

この時点で今日中に屋島の麓まで行きつくことを断念する。

最終日の「死の行軍」を覚悟。

幸い林間を抜け出たので、左側に海が望見できるようになる。やや左側に女木島、右手の屋島その間には遠く小豆島の山が見える。足元の海岸は芝山か？　懐かしい景色に元気づけられて、多少の土地勘を頼りに、ＪＲ予

林間を抜けると懐かしい島々が出現。

讃線の鬼無《きなし》駅を目指す。そこまで行けば、「歩き遍路道」に合流できる。

鬼無駅を過ぎたところで、遍路シールを発見。

八十三番まで約五キロ。時間は十六時少しまえ。かなり道草を食った。

讃岐平野の中を、ジグザグに南東方向へ進む。遍路休憩所を横目に見ながら香川県随一の大河――わずか全長三三キロ――香東川を目指ざす。

高松自動車道の手前で香東川にぶつかる。

ガイドブックの遍路道は川を渡り、小刻みな右左折を繰り返しながら八十三番へ向かう。しかし、香東川の河原をまっすぐに南下し、香東大橋で川の右岸に渡れば――距離的には多少長いが――道を間違えるリスクはない。河原道は石がないので歩きやすい。ウォーキングのトレーニングと同じ感覚で歩ける。大成功だ。香東大橋で河原から上がり、川の右岸へ渡り東進、南下してくる遍路道に合流。八十三番へ

八十三番　一宮寺《いちのみやじ》　十七時七分　一一・九キロ
五時過ぎで門が閉まっている。ここは郷照寺でしたように、明朝参拝ができない。今日は屋島泊りで朝いちばんで戻る余裕がないのだ。たった七分の遅れを恨むのは、修行が足りないせいだろう。
やむなく山門の外から納経し参拝に代える。

三年後、ふたたび同期会で高松へ帰る機会があり、讃岐の一宮への参拝もかねて、正式に参拝するためにここを訪れた。ゆっくり周囲を歩いたら、裏からは入れたようでがっかりした。あわてていると碌なことはない。

さて、ここから屋島の麓までは一一キロ以上ある。

ちょっと歩ける距離ではない。

「屋島ロイヤルホテル」に予約を入れてある。琴電志度線の潟元《かたもと》駅近くにあって。屋島の「徒歩登山口」に近いこと。明朝琴電で高松中心部まで戻って歩くこと。この二点を考慮して、ここを選ぶ。

今日の歩きの最終地点は「琴電瓦町駅」。

六キロ強、六時半ごろの到着を目指す。

八十三番から地方道一七二号線を一路北上。この辺りは相当まえから高松市と合併し——所どころ農地は散見されるが——基本的には高松のベッドタウンといった町である。前方には紫雲山が見える。あの山裾が栗林公園。方向がはっきりして、歩きやすい。

夕闇が迫ってくる頃、商店街を抜けて琴電瓦町に到着。六時半かっきり。電車の時間を待つのが辛く、タクシーにて屋島まで。

「屋島ロイヤルホテル」名前は立派だが、あたりまえのビジネスホテル。

このところ連日コンビニ弁当で過ごしてきた。

遍路最後の夜だ。しっかりした夕食を食べよう。

勇んで国道一一号線を渡り、近代的な商業施設（いわゆるフードコート）へ行く。大きなメニューを広げ、「スタミナ料理」を腹いっぱい食べる。今日で終わりだからと断酒だけは守る。

明朝食をゲットして「屋島ロイヤルホテル」に戻り、明日の行程を組み立てる。

明日でスタートから二十八日。三十日未満の目標はクリアできそうだ。ここまでよく頑張った。たとえ明日結願できなくても、まだ一日ゆとりがある。

さは然りながら、ゴールの八十八番は山の中。

もっとも近い電車の駅は、八十七番のある「長尾」である。友人の待つ高松の中心部まではその電車に乗らなければならない。電車の時間は問題ないとして、「長尾駅」までのバスが問題である。八十八番発のバスの最終は――案内本によると――午後三時五十一分。

昨日、屋島の麓までたどり着いていれば、残りは四〇キロ足らず。登りがあるとはいえ、朝七時から歩けば八十八番に到着できる、そう目論んでいたが、琴電瓦町スタートとなると、四〇キロを超えてしまう。とにかく朝一番の電車で琴電瓦町へもどり、すぐに出発し、「あとは野となれ山となれ」だ。

第二十七日　歩行距離　四三・九キロ

所要時間　十一時間五十二分
歩数合計　六万三三九〇歩
平均時速　三・七キロ
平均歩幅　六九センチ

四月二十八日（土）快晴　☀　七十九番～八十三番

四月二十九日（日）快晴

五時半起床。

いよいよ最後の日である。

かなりの難行が予想されるが、ともかく全力を尽くす。

結願を祝すように快晴。ウォーキング日和だ。

まずは、琴電志度線の一番電車だ。

身支度は前夜のうちに整えてある。いつものようにザックと頭陀袋をホテルに預けて、ウエストポーチだけで出発。最も近い志度線の駅は潟元。徒歩五分程度なので、六時丁度に出発。

六時八分発の電車に乗る。

電車は二十分ほどで、琴電瓦町に到着。

六時三十分、スタート。

早朝の商店街を北上、国道一一号線に乗る。

右折してまっすぐ前方に見える屋島を目指す。早朝、休日ということもあって、車も少なく通行人もほとんど見かけない。

道は志度線沿いに東進。

途中でウォーキング中の初老の男性といっしょになる。この付近にはむかし監獄があったとか、ウォーキングの効用とか話しながら歩く。鍛えられているのだろう。ほとんど同じスピードで二十分ほど歩き、彼は海の方へ左折する。

高松市街から屋島にかけての道には、詰田川《つめたがわ》、春日川があって、これら中小河川が内陸部から瀬戸内海に注ぎ込んでいる。高松在住のころ、高松東部にあった従兄の家に泊まり、干潮時には河口の干潟で潮干狩りをしたり、蝦蛄《しゃこ》を採ったり、釣りをした。懐かしい思い出だが、半世紀以上過ぎて、いまは潮干狩りイメージとはかけ離れた川になっている。

瓦町からは五キロほどで、昨夜宿泊した「屋島ロイヤルホテル」に戻る。

ところがフロントに預けておいたザックがない。

さすがに血相が変わる。

どうやら当直のフロントマンから早出のフロントマンへ「私が夕方にピックアップに来る」と引き継いでいた模様。

ザックを担ぎ、頭陀袋を掛けて出発。

登山道を北へ向かう。

小学校の遠足で、友人たちと先を争って駆け上がった登山道である。整備されていて非常に歩きやすい。

途中、徐々に勾配がきつくなるところに「食わずの梨」という場所がある。

修行途中のお大師さんが、土地の人が梨を栽培しているのを見て、「のどが渇いた、ひとつもらえないか」と頼んだところ、惜しんだお百姓は、「この梨は食べられない梨」だと答えた。その後、その梨はほんとうに食べられなくなった、という典型的なお大師伝説である。高野聖が津々浦々に流布したものだが、こんな話を振りまかれてはお大師さんが気の毒だ。もっと寛容なお大師さん伝説がたくさんあった方がいい、と思うのは私だけだろうか。

九十九折りの間隔が私に合っていたのか、高低差二八〇メートル、約二・五キロを三十分余りで一気に登り切る。山頂に到達すれば八十四番はすぐそこ。

八十四番　屋島寺《やしまじ》　八時五分　一三・六キロ

今回の八十八ヵ所巡拝の寺院の中で、以前参拝したことがあるお寺は、学生時代に訪れた三十一番竹林寺と、かつて同期会の折り立ち寄った八十八番大窪寺、それにここの三ヵ寺に過ぎない。ここにはそれこそ小学校の遠足をはじめ、数えきれないほど来ている。あらためて参拝に訪れ、「こんなに立派な寺院だったたか」と驚き、感じ入った。

屋島は山頂が平坦である。

これまでの各札所に比較して境内が広々として明るい。

真言宗の寺院は、本堂をはじめ、お堂などで混みあっていることが多いが、ここにはそれがない。とはいえ、ゆっくり昔を懐かしんでいる時間はない。

山門を出て、山頂を西から東へ横断していく。

前方に海を挟んで五剣山が見えてくる。

岩峰が五本山上に突き立っているように見える奇峰。最南端の一本は地震のために崩壊したと聞いている。

八十五番はこの山の八合目あたりにある。

遍路道は那須与一の「扇の的」や「義経の弓流し」で有名な「屋島の戦い」の舞台となった（屋島の）壇の浦を目指し、屋島ドライブウェイを横切って、急斜面を一気に下る。三〇〇メートルの高さから海岸に近い地点まで、一キロ強を一直線に下る。平均斜度三〇パーセント。スキーでも、そうそうないのではないか。

杖を頼りに、ほとんど走るようにして下る。

下手に足を踏ん張ると転がりそうで怖い。

札所は向かい側の山にあるのだが、間に海が北から湾入（壇の浦）しており、遍路道は海岸沿いに南へ迂回することになる。

平坦な道を南下。かつて塩田が広がっていた地域である。

屋島が名の通り島だった名残りの海（川）を東へ渡り、商店街を五剣山に向かって登ってゆく。

ケーブル乗り場に到着。

ケーブルの線路に沿って遍路道を登る。

小学校のころ一度だけ五剣山（八栗山）に来た記憶がある、昭和二十年代後半で、ケーブルは廃墟のままになっていた。どこまで登ったのか覚えていないが、たぶん八十五番までは行けなかったろう。屋島とほぼ同じくらいの高さのはずだが、問題にならないくらい急な登りだった——。広く林間の歩きやすい道にも関わらず大汗をかく。車も歩き遍路の姿もまばら。車を下に置いてケーブルで昇り降りするからだ。

ようやく八十五番に到着。

八十五番　八栗寺《やくりじ》　九時三十三分　五・四キロ

なかなかの寺院だ。

本堂のうしろに五剣山の断崖が迫る。壮麗な建物が建っている。先ほど降りてきた屋島が、海を挟んで目前にある。

八十四番、八十五番と大きな寺院がつづく。

ともに戦国の長曾我部の侵攻時に焼かれているが、江戸時代松平頼重が再建。「讃岐松平藩」は御三家の一つ水戸藩から養子として有名な水戸黄門の兄を貰うほど家格の高い譜代大名であり、また「物ナリ」の良い讃岐の東半分を領有していた。彼らの手厚い援助を受けていたのだろう。

広い境内を巡るように参拝を済ませる。

ここを打ち終えて、残りは三〇キロを切る。まだ十時まえ。「行けそうだ」という希望が湧いてくる。

保存されている平賀源内旧邸

次を目指して出発。

地図によると、岩峰の南側を回り込んで東斜面を志度湾に向かって降りて行くようだ。自動車遍路道だと思われる広い道を三キロ程下り、琴電志度線を渡って国道一一号線に合流。海岸沿いに進む。

海水浴で何度も訪れた「塩谷海水浴場」の近くを通る。泳ぎを覚え、丸刈り頭が日焼けして皮がむけるほどよく泳いだ。ゴムサンダルなどない頃だ。日に焼けた砂が猛烈に熱かったことを思い出す。

JR高徳線と琴電志度線の間を歩き、さらに海岸よりの道を志度（今はさぬき市）の町中へと入って行く。

八十六番に到着するほんの手前に、江戸中期の科学者「平賀源内旧邸」が保存されてあるのを見つける。先を急いで入場はしなかったが、いまだもって心残りである。記憶に間違いがなければ、私の祖母は志度に住んでいた時期がある。私の父の兄弟はこの地で生まれているはずだ。情報はこれがすべてで、それ以上の探索の縁《えにし》はないのだが。

八十六番　志度寺《しどじ》　十一時八分　六・五キロ

町中の寺院だが、境内も広く立派な寺院。

札所寺院八十八ヵ寺の中でも屈指のものだろう。

室町時代の庭園も公開されている。

ゆっくり拝観すべきだが、いまは目をつぶらざるを得ない。

残り二ヵ寺、距離は二二キロ。通常であれば四時間でクリアできる距離だが、ここからは阿讃山脈の山懐に向かっての「登りだけの二〇キロ」である。しかも三時半ごろまでに八十八番まで参拝して結願、さらに、バスで琴電長尾駅まで戻り、高松へ六時前後に到着する計画である。

念入りに参拝し、八十七番へ向かってスタート。

町中を抜け、国道一一号線との交差点を南へとり、県道三号線をまっすぐに南下。JR高徳線の線路を越え、線路の西側に沿って飛ばす。

やがて讃岐平野の田園地帯といった感じの畑の中へ。しかし道幅も広く、思ったよりも企業や工場が立地している。高度が上がるにつれて宅地造成を思わせる一角もある。高松市の新しいベッドタウンらしい。JR高徳線は四キロくらい先で東へ分岐していく。

この辺りで、県道を離れ遍路道へ入り、八十七番を目指す。

天気がよいぶん照り返しが強い。土の道を歩きたいが、「歩き遍路道」以外はほとんどが舗装されている。雨のときは助かるが、暑いときは恨めしい。

途中三号線と交差する地点で、かき氷の店を見つける。

十二時を過ぎているし、八十七番まで小一時間はかかる。ひと息入れることにする。なぜか「たこ焼き」をいっしょにやっている。なら、と昼食にすることにする。妙な取り合わせだが、食べられれば満足だ。

順調に歩を進め長尾の町内へ。直前に少し迷ったが、遍路シールに導かれて八十七番に到着。

八十七番　長尾寺《ながおじ》　十二時三十七分　七キロ

町中の寺院。

伽藍が少なく簡素な境内。札所の多くは真言宗であるが、ここは天台宗。質素なつくりはそんなことが関係しているのだろうか。

形どおりに参拝し、出発。

いよいよ残りは一五キロ。午後三時五十一分発の最終バスに間に合うか、否か。いざとなったら、タクシーで駅へ行こう、と腹案を用意して、先を急ぐ。

ここからはだんだんと登りがきつくなる。四キロほど県道三号線と遍路道を進み、大きな分岐を迎える。

左を取り、八キロの急登&急降下の道か。右を取り、一一キロのだらだら登りか。左は女体山の七四〇メートルの高みを越え、三〇〇メートル下って八十八番へ落ちる難コース。右は、三号線で約八〇〇メートルの矢筈山を迂回して、四五〇メートルにある八十八番を目指すアップダウンの少ないコースだ。

いずれもしんどい。

足がこれまでの登りに堪えてきたのでパンパン。

もう午後一時半を過ぎている。いずれにせよ最終バスには届きそうもない。私は無難なだらだら登りに決める。

とはいっても、平均斜度は四パーセント程度、楽なことはない。ともかく前を向いて広い三号線を歩くのみ。

途中「前山おへんろ交流サロン」という施設に立ち寄り、休憩がてら見学する。

多和小学校で左へ分岐、国道三七七号線に入り高度を上げて行く。

残り三キロくらいのところだった。

折り返し最終バスになるだろうバスに追い抜かれる。

映画のラストシーンを観るような、切なく、やるせない気持ちになる。

ここでバスは断念。たとえバスがバス停に留まる時間が多少あったとしても、私には参拝、結願のお礼等それ以上の時間が必要なのだ。

たちまち気が楽になる。残りの遍路ウォークを思い切り楽しむことにする。

八十八番　大窪寺《おおくぼじ》　十六時二十二分　一五・一キロ

ついに、たどり着きました。

さすがににぎやか。

讃岐に入ってからは、札所でたくさんのお遍路さんを見かけることはあまり多くなかった。多いと感じたのは出釈迦寺、善通寺、国分寺、八栗寺くらい。ここはその数倍はいる。もう午後五時近いのに。しかも最終バスは出ているのに、大勢のお遍路さんが参拝している。

まずは、納経と結願のお礼をしなければならない。

断酒も無事成し遂げた。日数は、気ちがい扱いされた当初計画の二十四日は論外だったが、二十八日間で歩き通した。歩幅とかネットの所要時間、平均スピードなどは帰ってから、記録を整理しなければならない。

所期の目標は達成できたと慶ぼう。

境内を一周する。

さすが結願の地、これまで遍路を助けてくれた杖を奉納する場所もある。色々な人が万感の思いを込めて、結願を喜び、満たされた心持になるのだろう。すっかり擦り減った杖を奉納し中には菅笠も奉納していく人もあるらしい。私はいずれ自分の棺に入れてもらうつもりだから、菅笠・杖・頭陀袋の三点セットを宅配便で自宅へ送る。むろん、それらは今も自宅にある。とりあえずは健康。必要になるのはいくぶん先のことのようだが。

あとは、タクシーを呼んで駅に行くだけ。

心置きなくこの時間を大切にしよう。

これまでの慌ただしい参拝を反省し、全域を拝観する。

今回、私は、十二年まえ同じ年に相次いで他界した両親の遺骨を一片ずつ守り袋に入れ、いっしょに八十八ヵ所を巡礼している。高松に置き去りにしていた我が家の墓を東京に移すにあたり、菩提寺に骨壺を預ける際に抜いたものだ。元来、私は信仰心の薄い男である。あの世で両親が喜んでいるとは思わない。昔風にいえば、湯浅家の当主として「家」に対して何もしてこなかったという負い目に結末をつけるため、とでも思おうか。

第二十八日
歩行距離　四一・三キロ
所要時間　九時間五十二分
歩数合計　六万一一六八歩
平均時速　四・二キロ

総　計
歩行距離　一〇七五・三キロ
所要時間　二百七十六時間四十五分
歩数合計　一六〇万七三四七歩
平均時速　三・九キロ

平均歩幅　六八センチ

平均歩幅　六七センチ

時間は午後五時――、

ようやく境内のにぎわいも静まってくる。混みあっていた茶店も空いてきたので、一人で祝杯を挙げることにする。

「結願したから断酒を解いてもいいですよね？」店の人に確認したら、

「ここまで来れば問題ないですよ」

考えてみれば、茶店の人が「未だダメです」などというはずはない。それを気休めに四週間ぶりのビールだ。

一気に飲み干したいところだが、久しぶりのせいか、喉が反抗する。讃岐の「てんぷら」（通常の衣をつけて揚げたものではなく、さつま揚げ、あるいは伊予のじゃこてんなどと類似したもの）のおでんをつつきながら、ゆっくり味わう。そういえば、出発まえの夜も缶ビール一本で終わっていた。

結願祝いの乾杯を待つみんなの顔が気になってくる。

長尾線の時刻表を見せてもらう。午後五時三十八分か、六時二分発の琴電築港行に乗りたい。

「タクシーを呼んでくれますか」

「来るまでに三十分はかかります」

「五時三十八分は絶対に無理。六時二分でもギリギリ」

「……」

そこへパートの店員さんが来て、まさに天の声。

「私はこれから帰ります、長尾は通り道なので車でお送りします」

最後の「ご接待」とありがたく申し出を受け、送っていただくことにする。

長尾　六時二分発。

琴電「瓦町」六時四十分着。

やっと高松に帰りつく。

琴電瓦町から、友人に無事到着した、これからビジネスホテルへ行き、シャワーを浴びて、着替えて七時半ごろまでには会場の居酒屋へ行く――旨を連絡。

熱い湯が身も心もさっぱりしてくれる。

居酒屋の暖簾をくぐる。

待ってくれていた友人が今でもそのときの様子を次のように話す。

――一ヵ月まえ、「これからお遍路さんに行く」と言って、出て行った人間とはまったく別人。店に入ってきた姿を見て腰を抜かした――

朝晩は遍路宿のちゃんとした食事をとるが、昼食はコンビニ弁当ばかり、最後の一週間はビジネスホテル泊まりで、腹を満たすだけという食事だった。かなり貧相な姿になっていたのだろうと思う。

しかし、私自身はそれも褒め言葉として受け取っている。

翌日、午前中は土産物の購入、荷物の宅配便への持ち込み、市内の散策などに充て、午後は墓地から収容して預けておいた先祖の遺骨を引き取るために寺院に立ち寄り、高松空港経由、帰京した。

これだけ長い間、自宅を空けたことは海外出張を含めても初めてのことである。自宅のマンションの狭い自室がなんともいえない感触だった。

風呂に入って、汗を流し、ルーティンの体重&体脂肪計に乗って目を疑った。体重は一割減の五九キログラム、体脂肪は九パーセントを示している。歓迎会をしてくれた友人の述懐がまさにその様相を物語っているのだろう。

ともかくも、こうして私の暴走遍路旅は完了する。

途中お世話になった方々の顔を思い浮かべながら、また牟岐の遍路宿「あづま」の女将さんの話のように、もう一度、今度はゆっくりと回るのもいいかなと思いながら、筆をおくことにする。

最後に、元外為マンらしく、
E・&・O・E（ERRORS AND OMISSIONS EXCEPTED）

おわりに

暴走族扱いをされた当初計画――二十三泊二十四日、毎日最低一ヵ寺参拝――は、スタート四日目にして敢えなく潰えた。しかし最終的に二十七泊二十八日で結願できた。目標を高く掲げれば、なにごとも達成できることを実感した遍路旅だった。

得たものは?と、問われても明確に答えることはできない。

印象としては、極めて雑駁で断片的な記憶しかないというのが、正直なところだ。それでもいまだに焼山寺の爆弾低気圧とか、牟岐の遍路宿の女将さん、徳増の若主人、安宿の思い出など、おりに触れて思い出すものは数限りない。これからも大切な記憶として残りつづけるはずだ。また月並みな感想ではあるが、どんなに苦しくても一歩一歩足を前へ出して行けば、必ず目的地に到着するという実感は、これまで以上に強く感じられた。

あと何年生きられるかわからないが、目標を持って努力することは、今後も続けていきたいと考えている。

最後に、遍路旅の途中で手帳に記録したメモ書きを頼りに、この旅日記をまとめるにあたっては、高校以来六十年近く付き合っている、畏友、増田良夫、樋口至宏両氏に絶大なるご協力を頂いた。二人の支援がなければ、おそらく刊行することはできなかったであろう。ここに心からの感謝の意を表する。

二〇一七年八月

遍路旅 計画・実績対比表

計画						実績						
NO	寺号	距離	距離累計	１日距離	日付	日付	NO	ｽﾀｰﾄ/ｽﾄｯﾌﾟ地点	１日距離	距離累計	到着時間	宿泊場所
1	霊山寺	0.0			2日	2日	1	霊山寺				
2	極楽寺	1.4	1.4				2	極楽寺			08:43	
3	金泉寺	2.6	4.0				3	金泉寺			09:35	
4	大日寺	5.0	9.0				4	大日寺			10:47	
5	地蔵寺	2.0	11.0				5	地蔵寺			11:38	
6	安楽寺	5.3	16.3				6	安楽寺			12:40	
7	十楽寺	1.2	17.5				7	十楽寺			13:01	
8	熊谷寺	4.2	21.7				8	熊谷寺			14:18	
9	法輪寺	2.4	24.1				9	法輪寺			14:53	
10	切幡寺	3.8	27.9				10	切幡寺			15:48	
11	藤井寺	9.3	37.2	37.2			11	藤井寺	37.2	37.2	17:45	旅館吉野
12	焼山寺	12.9	50.1		3日	3日	－	藤井寺			06:41	
13	大日寺	20.8	70.9				12	焼山寺			10:45	
14	常楽寺	2.3	73.2				13	大日寺			17:27	
15	国分寺	0.8	74.0				14	常楽寺			18:30	
							15	国分寺	36.8	74.0	18:40	ＢＨ栄月
						4日	－	国分寺			06:35	
16	観音寺	1.8	75.8				16	観音寺			07:13	
17	井戸寺	2.8	78.6	46.9			17	井戸寺			08:00	
18	恩山寺	16.8	95.4		4日		18	恩山寺			12:35	
19	立江寺	4.0	99.4				19	立江寺			13:56	
20	鶴林寺	13.1	112.5				20	鶴林寺		112.5	17:34	
								水井橋	43.9		18:27	廣瀬氏宅
						5日		水井橋			07:35	
21	太龍寺	6.7	119.2				21	太龍寺			08:55	
22	平等寺	10.9	130.1	46			22	平等寺			11:41	
23	薬王寺	19.7	149.8	47.3	5日		23	薬王寺		130.1	16:48	
					6日			鬼が岩屋付近	42.9		18:42	民宿あづま
						6日		鬼が岩屋付近			07:00	
								東洋町-室戸市境	39.8		17:20	民宿徳増
						7日		東洋町-室戸市境			07:24	
24	最御崎寺	75.4	225.2	47.8			24	最御崎寺		225.2	13:27	
25	津照寺	6.5	231.7		7日		25	津照寺			15:51	
26	金剛頂寺	3.8	235.5				26	金剛頂寺	34.9		16:57	金剛頂寺僧坊
						8日	－	金剛頂寺			07:00	
27	神峯寺	27.5	263.0				27	神峯寺		263.0	13:28	
	山登家旅館			50.8				山登家旅館	40.5		16:16	山登家旅館
	山登家旅館				8日	9日		山登家旅館			07:25	
28	大日寺	37.5	300.5				28	大日寺			12:35	
29	国分寺	9.2	309.7				29	国分寺			15:08	
30	善楽寺	6.9	316.6	42.9			30	善楽寺			16:42	ｻﾝﾋﾟｱｾﾘｰｽﾞ
31	竹林寺	6.6	323.2		9日		31	竹林寺	45.5	323.2	18:25	
						10日	－	竹林寺			08:05	
32	禅師峰寺	5.7	328.9				32	禅師峰寺			09:20	
33	雪蹊寺	7.5	336.4				33	雪蹊寺			11:40	
34	種間寺	6.3	342.7				34	種間寺			13:12	
35	清瀧寺	9.8	352.5	42.7			35	清瀧寺		352.5	15:52	
								白石屋旅館	32.6		16:50	白石屋旅館

					１０日	１１日		白石屋旅館			07:00	
36	青龍寺	13.9	366.4	39.3			36	青龍寺		366.4	09:27	
								ＢＨ鳥越	34.6		16:55	ＢＨ鳥越
					１１日	１２日		ＢＨ鳥越			07:25	
37	岩本寺	58.5	424.9	50.0			37	岩本寺	34.5		16:55	末広旅館
						１３日		末広旅館			07:25	
								ﾈｽﾄｳｴｽﾄｶﾞｰﾃﾞﾝ	35.0		16:30	ﾈｽﾄｳｴｽﾄｶﾞｰﾃﾝ
						１４日		ﾈｽﾄｳｴｽﾄｶﾞｰﾃﾞﾝ			07:25	
								四万十大橋			09:27	
								伊豆田ﾄﾝﾈﾙ出口			11:31	
								民宿旅路	32.5		16:45	民宿旅路
						１５日		民宿旅路			07:05	
38	金剛福寺	80.7	503.9	53.0	１２日		38	金剛福寺		503.9	10:51	
								安宿	36.2		16:35	安宿
						１６日		安宿			06:30	
39	延光寺	52.8	556.7	52.8	１３日		39	延光寺		556.7	14:03	
								岡本旅館	35.1		15:55	岡本旅館
						１７日		岡本旅館			07:20	
40	観自在寺	25.8	582.5	36.1	１４日		40	観自在寺		582.5	12:37	
					１５日			鳥越ﾄﾝﾈﾙ出口	36.1		17:00	旭屋
						１８日		鳥越ﾄﾝﾈﾙ出口			07:07	
41	龍光寺	50.2	632.7				41	龍光寺			14:52	
42	佛木寺	2.6	635.3	42.5			42	佛木寺		635.3	15:42	
					１６日			歯長峠先	40.8		17:28	民宿みやこ
						１９日		歯長峠先			06:53	
43	明石寺	10.6	645.9	35.5			43	明石寺		645.9	08:11	
								大瀬の館	48.4		18:05	大瀬の館
					１７日	２０日		大瀬の館			07:05	
44	大寶寺	67.2	713.1	47.8			44	大寶寺		713.1	14:59	
								和佐路	28.8		16:05	和佐路
						２１日		和佐路			07:00	
45	岩屋寺	8.4	721.5		１８日		45	岩屋寺			08:26	
46	浄瑠璃寺	29.0	750.5				46	浄瑠璃寺			15:26	長珍屋
47	八坂寺	0.9	751.4				47	八坂寺			15:52	
48	西林寺	4.4	755.8				48	西林寺	39.7	755.8	16:54	
						２２日	−	西林寺			06:45	
49	浄土寺	3.1	758.9				49	浄土寺			08:24	
50	繁多寺	1.7	760.6				50	繁多寺			08:55	
51	石手寺	2.8	763.4	49.3			51	石手寺			09:37	
52	太山寺	10.7	774.1		１９日		52	太山寺			12:32	
53	円明寺	2.6	776.7				53	円明寺		776.7	13:25	北条水軍
54	延命寺	34.4	811.1					北条水軍ﾕｰｽﾎｽﾃﾙ	31.1		16:40	ﾕｰｽﾎｽﾃﾙ
55	南光坊	3.4	814.5	46.6		２３日		北条水軍ﾕｰｽﾎｽﾃﾙ			06:36	
							54	延命寺			11:17	
							55	南光坊			12:22	
56	泰山寺	3.0	817.5		２０日		56	泰山寺			13:31	
57	永福寺	3.1	820.6				57	永福寺			14:25	
58	仙遊寺	2.4	823.0				58	仙遊寺			15:23	
59	国分寺	6.1	829.1				59	国分寺		829.1	17:04	
								伊予桜井駅	43.9		17:39	今治ｱｰﾊﾞﾝﾎﾃ
						２４日		伊予桜井駅			07:30	
60	横峰寺	27.0	856.1				60	横峰寺			13:46	
61	香園寺	9.6	865.7				61	香園寺			16:44	
62	宝寿寺	1.3	867.0	52.5			62	宝寿寺			17:15	
63	吉祥寺	1.4	868.4		２１日		63	吉祥寺		868.4	17:37	
								伊予氷見駅	37.6		17:40	西条ｱｰﾊﾞﾝﾎﾃ

						２５日		伊予氷見駅			06:30	
64	前神寺	3.2	871.6	43.8			64	前神寺		871.6	07:10	
								銅山川第一発電所	44.9		17:22	ＢＨﾏｲﾙﾄﾞ
						２６日		銅山川第一発電所			06:53	
65	三角寺	45.2	916.8		２２日		65	三角寺			07:54	
66	雲辺寺	18.1	934.9				66	雲辺寺			13:34	
67	大興寺	9.4	944.3				67	大興寺		944.3	16:24	
								ＢＨ白梅別館	38.9		18:00	ＢＨ白梅別館
						２７日		ＢＨ白梅別館			06:07	
68	神恵院	8.7	953.0				68	神恵院			06:31	
69	観音寺	0.0	953.0				69	観音寺			06:31	
70	本山寺	4.5	957.5	46.7			70	本山寺			07:55	
71	弥谷寺	11.3	968.8		２３日		71	弥谷寺			10:29	
72	曼荼羅寺	3.7	972.5				72	曼荼羅寺			11:51	
73	出釈迦寺	0.6	973.1				73	出釈迦寺			11:36	
74	甲山寺	2.2	975.3				74	甲山寺			13:03	
75	善通寺	1.6	976.9				75	善通寺			13:29	
76	金倉寺	3.8	980.7				76	金倉寺			14:33	
77	道隆寺	3.9	984.6				77	道隆寺			15:37	
78	郷照寺	7.2	991.8				78	郷照寺	39.6	991.8	18:20	三中井ＢＨ
						２８日	－	郷照寺			06:40	
79	高照院	5.9	997.7				79	高照院			08:00	
80	国分寺	6.6	1004.3	46.8			80	国分寺			09:24	
81	白峯寺	6.5	1010.8		２４日		81	白峯寺			11:50	
82	根香寺	5.0	1015.8				82	根香寺			13:49	
83	一宮寺	11.9	1027.7				83	一宮寺		1027.7	17:07	
								琴電瓦町	42.2		18:30	屋島ﾛｲﾔﾙﾎﾃﾙ
						２９日		琴電瓦町			06:30	
84	屋島寺	13.6	1041.3				84	屋島寺			08:05	
85	八栗寺	5.4	1046.7	42.4			85	八栗寺			09:33	
86	志度寺	6.5	1053.2		２５日		86	志度寺			11:08	
87	長尾寺	7.0	1060.2				87	長尾寺			12:37	
88	大窪寺	15.1	1075.3	28.6			88	大窪寺	41.3	1075.3	16:22	
	合　計			1,075.3					1,075.3			

四国八十八ヵ所遍路 旅日記全行程図

① 霊山寺
② 極楽寺
③ 金泉寺
④ 大日寺
⑤ 地蔵寺
⑥ 安楽寺
⑦ 十楽寺
⑧ 熊谷寺
⑨ 法輪寺
⑩ 切幡寺
⑪ 藤井寺
⑫ 焼山寺
⑬ 大日寺
⑭ 常楽寺
⑮ 国分寺
⑯ 観音寺
⑰ 井戸寺
⑱ 恩山寺
⑲ 立江寺
⑳ 鶴林寺
㉑ 太龍寺
㉒ 平等寺
㉓ 薬王寺
㉔ 最御崎寺
㉕ 津照寺
㉖ 金剛頂寺
㉗ 神峯寺
㉘ 大日寺
㉙ 国分寺
㉚ 善楽寺
㉛ 竹林寺
㉜ 禅師峰寺
㉝ 雪蹊寺
㉞ 種間寺
㉟ 清瀧寺
㊱ 青龍寺
㊲ 岩本寺
㊳ 金剛福寺
㊴ 延光寺
㊵ 観自在寺
㊶ 龍光寺
㊷ 佛木寺
㊸ 明石寺
㊹ 大寶寺
㊺ 岩屋寺
㊻ 浄瑠璃寺
㊼ 八坂寺
㊽ 西林寺
㊾ 浄土寺
㊿ 繁多寺
51 石手寺
52 太山寺
53 円明寺
54 延命寺
55 南光坊
56 泰山寺
57 栄福寺
58 仙遊寺
59 国分寺
60 横峰寺
61 香園寺
62 宝寿寺
63 吉祥寺
64 前神寺
65 三角寺
66 雲辺寺
67 大興寺
68 神恵院
69 観音寺
70 本山寺
71 弥谷寺
72 曼荼羅寺
73 出釈迦寺
74 甲山寺
75 善通寺
76 金倉寺
77 道隆寺
78 郷照寺
79 天皇寺
80 国分寺
81 白峯寺
82 根香寺
83 一宮寺
84 屋島寺
85 八栗寺
86 志度寺
87 長尾寺
88 大窪寺

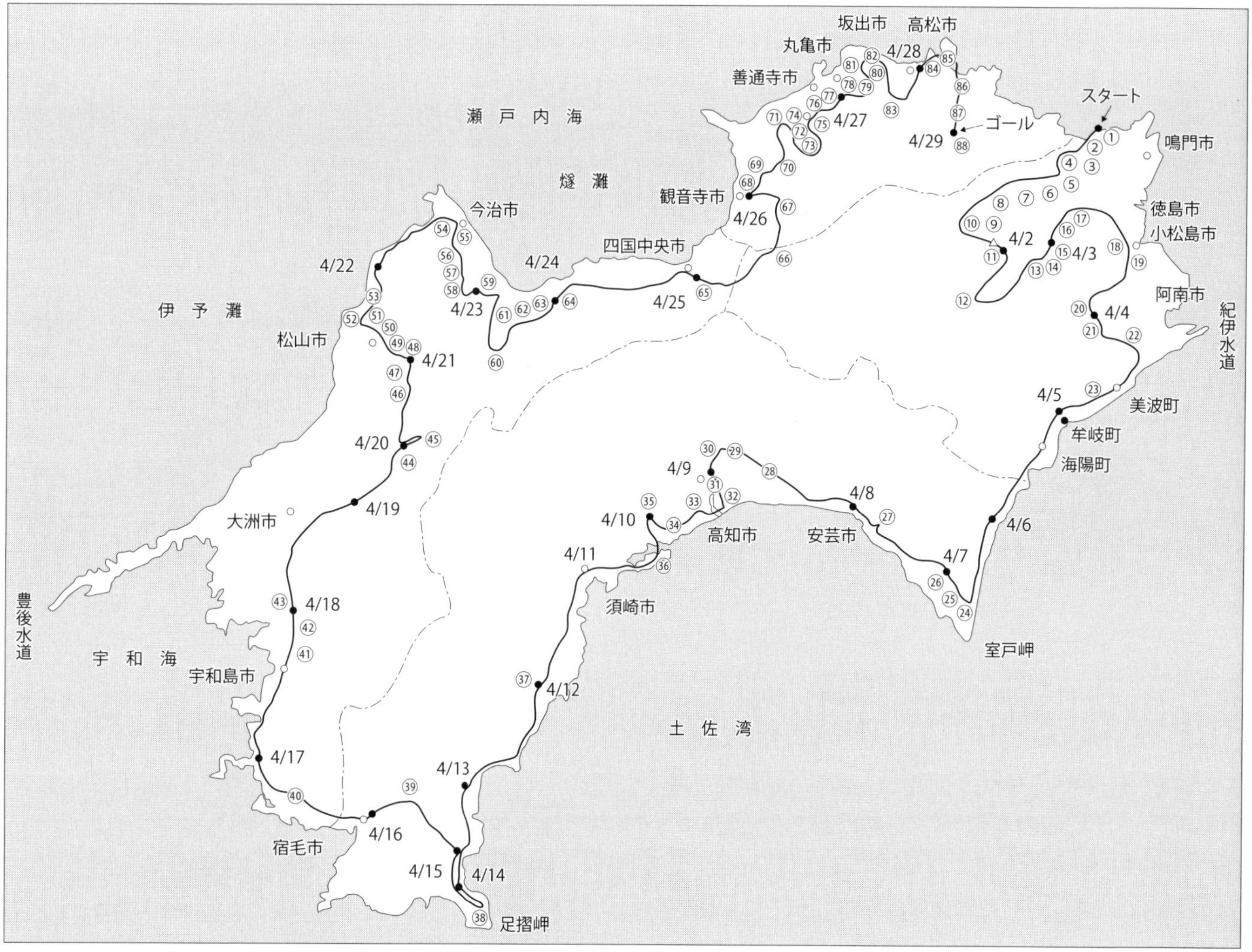

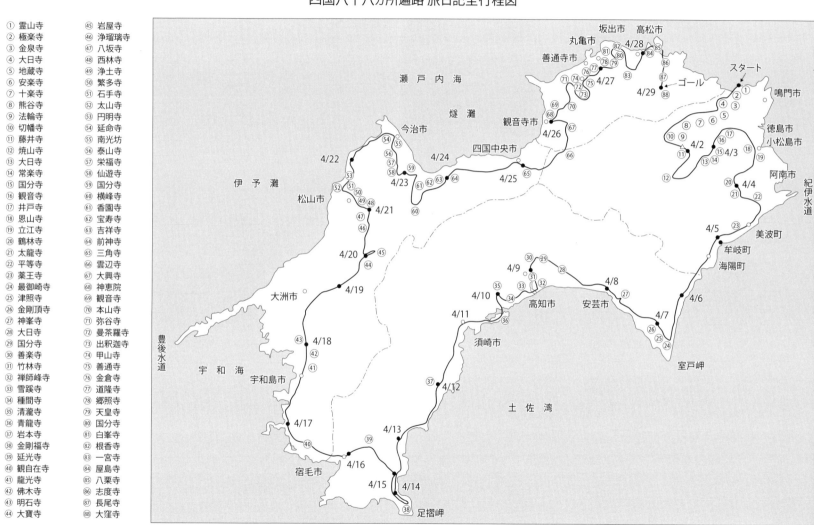

湯浅晴夫（ゆあさ・はるお）

1942 年（昭和十七年）香川県高松市生まれ。
1966 年、慶應義塾大学経済学部卒業。
同年、株式会社三和銀行入行。
1996 年、アグロカネショウ株式会社入社。
2012 年、同社を退職、現在に至る。

七十歳暴走老人の二十八日間
四国八十八ヵ所遍路 旅日記

二〇一七年 九 月二五日初版第一刷印刷
二〇一七年一〇月一〇日初版第一刷発行
定価（本体一六〇〇円＋税）

著者 湯浅晴夫
発行者 樋口至宏
発行所 鳥影社・ロゴス企画
長野県諏訪市四賀二二九―一（編集室）
電話 〇二六六―五三―二九〇三
東京都新宿区西新宿三―五―一二―7F
電話 〇三―五九四八―六四七〇
印刷 モリモト印刷
製本 高地製本

ISBN 978-4-86265-631-5 C0026

好評既刊
（表示価格は税込みです）

五感で読むドイツ文学
松村朋彦
五感を媒介にして、リルケ、ゲーテ、ホフマン、そしてノヴァーリスやマンなどの創作の深部に迫る。1944円

デーブリーンの黙示録
粂田文
『November 1918』における破滅の諸相
ドイツ革命を描いたデーブリーンの大作に挑む研究評論。1944円

ローベルト・ヴァルザー作品集1〜5
新本史斉
若林恵 他訳
カフカ、G・ゼーバルト、E・イェリネク、S・ソンタグなど錚々たる人々に愛された作家の全貌。各2808円

猫のながし目
坊城浩著
猫狂いが書き、猫嫌いが感動した傑作。人間とノラ猫たちの悲喜劇、圧倒的な好評で迎えられた書下し。1890円

麓にて
上條恒彦著
歌と舞台とドラマでだけではなかった。様々な出来事や人々をつぶさに捉える深くて柔らかなエッセイ。1575円